はじめてママとパパでもかんたん

子どもと食べたい 作りおきおかず

管理栄養士
中村美穂

世界文化社

Contents

本書の使い方

本書で紹介するレシピの見方と、調理をするうえで
確認しておくことをまとめました。

食材の切り方は子ども
が食べやすい大きさを
解説しています。

分量は1食分＝「大人
2人＋子ども1人分」
を基本としています。
メニューによっては、
1人分や作りやすい分
量で作るというものが
あります。

▶ にら入り肉団子と春雨のスープ煮

材料
(大人2人＋子ども1人＝1〜2食分)
豚ひき肉 … 200g
にら … 1/2束
にんじん … 1/3本
白菜 … 200g
春雨(乾燥) … 30g
Ⓐ水 … 大さじ3
片栗粉 … 大さじ1
塩 … 小さじ1/4
こしょう … 少々
水 … 800ml
Ⓑ顆粒鶏ガラスープの素、
しょうゆ、ごま油 … 各小さじ2
塩 … 小さじ1/2

作り方

① にらは長さ半分に切り、茎はみじん切り、葉は2cm長さに切る。にんじんは3cm長さのせん切り、白菜は葉は3cm大にちぎり、芯は細切りにする。春雨は熱湯通量(分量外)に入れて戻し、水気をきって3〜4cm長さに切る。

② ポリ袋にひき肉、①のみじん切りにしたにらの茎、Ⓐを入れてよく混ぜる。

③ 鍋に水とにんじんを入れて沸かし、白菜を加える。②のポリ袋の口を閉じて片隅を2.5cm幅に切り、肉ダネを絞り出して直径2.5cm大に丸めて鍋に入れる。春雨、残りのにらを加え、団子に火が通るまで中火で煮て、Ⓑを加え混ぜる。

Point

春雨は湯で戻さずにスープに直接入れて煮てもOK。その場合、子も用は食べるときにキッチンばさみで短く切りましょう。

大人Arrange
大人はキムチを入れるとキムチ鍋風の味も楽しめます。

98

調理のポイントを
紹介しています。

大人向けや、1歳
半〜2歳向け、お
すすめのアレンジ
方法を紹介してい
ます。

冷蔵 2日 保存期間	14日 冷凍可	電子レンジ	お弁当に
冷蔵で保存してお ける日数の目安	冷凍できるメニューの 保存日数の目安	電子レンジで調理 できるメニュー	お弁当のおかずに おすすめのメニュー

・本書で紹介するレシピは、基本的に幼児食前期から後期の子ども向けの内容です。食べられる大きさやかたさ、量などには個人差がありますので、子どもの様子を見ながら食べやすいように加減してください。
・本書のレシピの味つけは幼児に合わせています。離乳食からの移行期の1歳代のお子さん用は少し調味料を減らし、こしょうを省き、大人用は好みで調味料、こしょうを足すなど、味つけを調整してください。
・食物アレルギーと診断されたことがある、またはアレルギーの可能性がある場合は、医師の指導に基づいて調理してください。
・保存は記載の期間を目安に、早めに食べきってください。ただし、夏場は目安より早めに食べきるようにしてください。
・期間は子ども向けに短く設定しています。調理当日が保存の1日目です。

・米の計量は、1合(180ml)カップを使用しています。
・計量は1カップ＝200ml、大さじ1＝15ml、小さじ1＝5mlです。

・にんじん、玉ねぎなどの野菜は中サイズ、卵はMサイズが基本です。
・野菜を洗う、皮をむくなど材料の下処理は一部省略しています。
・だし汁は特に表記のない限り、かつおと昆布のだしです。
・レシピにあるだし汁などの水分量は、使用する鍋や火力の違いなどにより途中でたりなくなる場合があります。そのときは水分をたしてこがさないようにしてください。
・電子レンジは600Wが基準です。それ以外のW数の場合、加熱時間は様子を見て調節してください。電子レンジ対応の器を使用し、突然の沸騰などに注意してください。
・オーブントースターは1000Wを使用しています。オーブントースターの代わりに魚焼きグリルや190℃に温めたオーブンを使用してもOKです。その際は 火加減、加熱時間を調整しながらご使用ください。
・調理時間は目安です。使用する容器や調理器具、季節、食材の状態によって調理時間は異なります。様子を見ながら加減してください。

作りおきは忙しいママやパパを救う

家族の健康を考え、日々冷蔵庫に作りおきおかずを用意していると聞いたことからでした。

本書では、料理初心者の方も手軽に作れて、作り分けせずに、子どもから大人まで一緒に食べられる作りおきレシピを紹介しています。冷蔵庫に作りおきおかずがあれば、子どもの「お腹すいた〜」にもすぐに対応できますし、大人と同じものを食べているということが子どもの食べる意欲を高めるきっかけになるかもしれません。

子どもは、「おいしかった！」という体験を重ねることで、食の世界を広げ、心も体も成長していきます。本書のレシピの中から少しでも、家族を笑顔にするお気に入りが見つかるとうれしいです。

著者・中村美穂

心も体もぐんと成長する幼児期は、毎日のごはんの内容が重要です。でも、正直なところ、育児だけでもいっぱいいっぱいなのに、ごはん作りもとなると大変ですよね。そんな毎日がんばっているママやパパが少しでも楽になれるようにという思いで、親子で食べられる作りおきおかずの本を考えました。テーマは、「子どものいる忙しい毎日のごはん作りを少しでも効率よく、ほどよく手を抜きながら充実させる」こと。本書を作るきっかけも、ママやパパの多くが、子どもが思うように食べてくれないという悩みを抱えながら、でも手作りのごはんが食べられる

大人だけなら市販品や外食で済ませることができても、小さい子どもがいるとそうもいきません。離乳食が終わり、大人と同じようなものが食べられる（食べたがる）よれば、子どもの「お腹すいた〜」うに見えても、幼児期はまだかむ力も消化力も未発達。かたさ、大きさ、味つけが子どもの成長・発達に合っていないと食べにくく、消化しにくいことも。そんな幼児期の子がいるご家庭にこそ、本書でご紹介する子どもと大人が一緒に食べられる作りおきおかずがおすすめ。「作りおき」は、スキマ時間を使って用意でき、忙しい日でも手作りのごはんが食べられる

などのメリットがあり、忙しいご家庭にぴったりのスタイルです。

幼児食の役割とは?

離乳食から大人の食事への移行期である「幼児食」。
まずは幼児食の役割と重要性について学びましょう。

丈夫な体を作り命を育む

食事は体と心を育み生きる力を学ぶ時間

幼児食とは離乳食完了後の1歳半から5歳くらいまでの食事のこと。この時期はさまざまな食べ物や味と出合い、食べ方を学んだり食事の楽しさを味わったりしながら、生きる力を身につけていきます。

幼児期の子どもは体の成長スピードが早く、活動量も増えるため、適切なエネルギーと栄養素をしっかりととることが重要。免疫力を高め、元気にすごすためにもバランスのよい食事が必要です。体の成長とともに歯も生えそろい、食べられるものが増えてきますが、まだまだ消化機能が未熟な子どもにとっては大人と同じものを食べるのは体に負担がかかります。そのため、離乳食とも大人の食事とも異なる幼児食が必要になるのです。

また、幼児期は心の発達もめざましい時期。この時期の食事は、コミュニケーションをとり、さまざまな色や形の食材に触れ、においや味を体験するといった心身の発達にも通じるのです。

味覚と
かむ力を育む

薄めの味つけと
成長に合ったかたさを意識

幼児期は味覚を形成する時期でもあります。この時期にいろいろな食品や味を体験させて味覚の幅を広げましょう。味つけはだしをいかし、素材の風味やうまみを感じられる薄味を心がけて。この時期はまだ体の機能が未熟なため、塩分や脂質のとりすぎは内臓に負担をかけます。子どもの頃から薄味に慣れておくと、大人になってからも健康的な食生活を送れるようになります。

また、奥歯も生え、少しずつかむことができるようになりますが、発育には個人差があるので、歯の生え方が遅い子は食材を小さくしたり、歯ぐきでつぶせるやわらかさに煮るなど、負担がかからないような配慮が必要です。歯の本数が増えて丈夫になるにつれてかたいものも食

べられるようになっていくので、食材の大きさやかたさは成長に合わせて変えていきましょう。

食べることを
楽しむ心を育てる

子どものペースに合わせて
楽しい食卓を囲もう

食事を通じて子どものさまざまな発達を促すためにも、まずは食べたいという気持ちを引き出すことが大切です。大人と一緒に食べて楽しい食卓の雰囲気を体感したり、自分で食べた達成感を味わったりと、「食べることって楽しい！」と、食事に前向きになる工夫をしてあげましょう。

特に1〜3歳の頃は1人で上手に食べるようになるための練習期間です。この時期の子どもにはさまざまな個人差があり、食べ方や食べ物の好みも日々変化し

ていきます。ときにはこだわりが出てきて食べなくなったり、自分でやりたい気持ちがあるのにうまくいかなくて苦戦したりすることもあるかもしれません。でもそれは発達の一過程であり、成長の証です。あせらず子どものペースに合わせて楽しい食卓を囲むようにしたいですね。

食べ方の段階をチェック

体や脳が発達していくことで食べ方も変化していきます。成長に合ったサポートをするために、食べ方のステップを確認しましょう。

 2歳	 1歳	9ヵ月頃〜	時期

❶ 食べさせてもらう＆手づかみ食べ

離乳食後半になると、自分で食べることを覚え、手づかみ食べができるようになります。

1歳くらいから少しずつスプーンを使うようになります。フォークはスプーンに慣れてから使いましょう。

つまずきポイント

食欲にムラがあり、大人が思うように食べてくれなくなる。脳の満腹中枢が未発達なので食べすぎてしまうことも。

⬇ つまずき解消のヒント

「いっぱい食べたね」など、声がけで満腹感を意識させてあげましょう。過度な心配は不要ですが、食べすぎが気になるときは家族の食生活を見直し、子どもに適度な運動を取り入れてみて。

つまずきポイント

好奇心旺盛な時期。食事に集中できず、じっとしていられないことも多い。奥歯が生え、好きなものは大人と同じサイズで食べるが、苦手なものは嫌がることも。

⬇ つまずき解消のヒント

盛りつけで楽しい雰囲気を作り、食べる意欲を高めましょう。

つまずきポイント

自我が強くなり、好き嫌いがハッキリしてくる時期。決まった料理しか食べたがらないなど、こだわりが強くなることも。遊び食べなど、食事がスムーズにいかなくなりやすい。

⬇ つまずき解消のヒント

苦手なものは無理強いせず、調理法を変えたり、日をおいて食卓に出してみましょう。

食べ方の目安

5 歳　4 歳　3 歳

つまずき **ポイント**

集団生活も本格化し、決められた時間内で食べる必要が出てくる。なかなかまわりとスピードが合わせられず、ストレスを感じることも。

⬇ **つまずき解消のヒント**
きんぴらごぼうなど咀嚼を促すものをとり入れ、かむ力をつければ、次第に早く食べられるようになります。

❷ 1人で食べる＆ スプーン・フォークを使う

❸ 箸を使う

上手にスプーンやフォークが使えるようになり、箸に関心を示すようになったら子ども用の箸を持たせてみて。

手づかみ・スプーン&フォーク・箸

食べ方別サポートの仕方

離乳食後半になると少しずつ自分で食べたがるようになります。
成長に合ったサポートで、食べ方の練習をしましょう。

成長とともに持ち方が変わる

最初は手の平全体でぎゅっと握ったり、潰したりして感触を体験する。手の平で口に押し込むことも。

指3本で上手につまむように。正面から口に入れ、前歯でかんでひと口分の量にできるようになる。

はじめは
大人が誘導

最初はうまく口に運べなかったり、ひと口以上の量を口に詰め込んでしまったりするため、大人が手を持って誘導してあげる。10分程度練習したら、切り上げて大人が食べさせる。

★ 9カ月頃〜3歳頃
手づかみ食べ

1人で食べるためのファーストステップ

食べ物に触りたがり、1人座りをして食事ができるようになったら、手づかみ食べを始めましょう。食べ物に手で触れて感触を確かめ、口に入れる動作は、目・手・口の協調運動であり、大人が思っているよりも複雑な動作。この経験がスプーンやフォークを使うための練習になるので、十分に体験させてあげましょう。子どもの気が向かない場合は無理をせず、少しずつトライして。

手づかみ食べのポイント

1 前歯でかみ切れているか確認しながら行う

2 ひと口分の量を教えながら行う

3 指3本でつまんで持ち口に運べるようにする

スプーンの握り方と口に運ぶ練習を

スプーンを持ちたがるようになったら、手づかみ食べと並行しつつ練習を始めましょう。スプーンの練習はひと口分を口に入れ、唇で食べ物をおさえながらスプーンを引き抜く練習です。フォークも同様の動きをしますが、スプーンに慣れてから使いましょう。

スプーン&フォークのポイント

1 まずはスプーンの練習からする

2 手づかみ食べと並行して練習する

3 唇で食べ物をおさえてスプーンを引き抜く

大人が手を持って誘導する

上から手をにぎり、一緒に食べ物をすくって口に運ぶ練習をする。フォークの場合は刺す、めんなどをひっかける動きも教えて。

手のひら全体で柄を上からにぎる

1人でスプーンを持たせる。最初はスプーンで食べ物をすくうのが難しいので、反対の手を使ってのせることもある。

指先を使ってつまむように持つ

スプーンを使って食べることができるようになってきたら、人差し指と親指で柄をつまむように持つ練習をする。

指を使い鉛筆を持つようににぎる

人差し指、親指、中指を使って鉛筆を持つようににぎる。この持ち方ができるようになったら、箸への移行がスムーズに。

スプーンと並行してじっくり練習を

スプーンやフォークが上手に持てるようになり、箸に興味を持つようになったら始めてOK。箸は大人でも上手に持てない人がいるほど高度なものなので、上手に使えなくて当然。箸で食べられないとき用にスプーンやフォークも準備しておき、並行して使えるようにしましょう。

箸の選び方

1 子どもの手に合う長さのものを選んで。子どもの手首から中指の先より少し長いくらい（1.2倍）が目安

2 木製のものがおすすめ。つやがなく、持ち手は角が丸みを帯びた四角のものが滑りにくく持ちやすい

正しい持ち方を練習

下のポイントをおさえながら、大人が見本を見せて練習する。

- 親指の腹で支える
- 人差し指と中指で箸の真ん中あたりをはさむ
- 親指のつけねではさむ
- 薬指の横腹にのせる

開閉してみる

正しく持てるようになったら、開閉して上下の箸の先が合うように練習する。

おさえておきたい幼児食のポイント

体も心も発達途中の幼児期。健やかな成長のために、
大切な食事のポイントをチェックしておきましょう。

ポイント
1

栄養バランスの よい献立を意識

5大栄養素がまんべんなくとれる食事が理想的。5つの栄養素をとることで、それぞれの働きがスムーズになり、効果が発揮されます。

一汁二菜の和食を基本にメニューを考えよう

体に必要な栄養素の基本が、以下の5大栄養素。食事でバランスよくとることが大切です。5大栄養素をバランスよくとれる献立の基本は、和食の一汁二菜。一汁二菜は主菜（肉や魚などのメインのおかず）、副菜（野菜中心のサブのおかず）、汁物（栄養素と水分を補う）、主食（ごはんなど）で構成します。これをベースにしながらアレンジしていくと、栄養バランスがととのいやすくなります。

5大栄養素

炭水化物、脂質、タンパク質、ビタミン、ミネラルは5大栄養素と呼ばれ、健やかな体作りに欠かせません。それに加え、水と食物繊維を意識してとりましょう。

タンパク質

筋肉や細胞の主成分。消化によって20種類のアミノ酸に分解され、うち9種類は必須アミノ酸と呼ばれる。食べ物から摂取することが必要。

脂質

体の中で作ることができない必須脂肪酸が含まれており、細胞膜やホルモン、血液の材料になる。魚や植物油を中心にとるとよい。

炭水化物

活動を支えるエネルギー源。主成分の糖質は消化吸収のスピードが速く、効率がよい。不足すると集中力低下につながることも。

水

幼児の体の70％を占めるのが水分。こまめに水分を摂取し、代謝バランスをとる必要がある。

食物繊維

腸内環境を整えて便秘を予防したり、免疫力アップに一役買ったりと、体調維持に欠かせない成分。

ミネラル

ビタミンとともに、体の調子をととのえる栄養素。丈夫な骨や筋肉などを作るカルシウム、貧血を予防する鉄や銅、味覚を正常に保つ亜鉛などがある。

ビタミン

野菜がたりないと不足しがちな栄養素。ビタミンBは成長を促し、ビタミンCは抵抗力を高め、ビタミンDはカルシウムの吸収を促す。

バリエーション豊かな食材や調理法で変化をつけて

献立は栄養バランスよく、食材の種類豊富なメニューを心がけましょう。よく食べるからと、好きなおかずばかりを毎回食卓にあげるのは栄養が偏る要因になるのでよくありません。また、作りやすいからと同じ料理ばかり並べるのも飽きにつながるので避けましょう。

幼児期は筋肉や骨、血、歯を形作るタンパク質やカルシウム、鉄が重要。特に乳製品や、小魚、豆類を積極的にとるとよいでしょう。ビタミン類は体内のカルシウムの吸収を助けたり、免疫力を高めたりと体内の潤滑油として働くので、野菜やきのこ類も毎回メニューに盛り込んでいきましょう。焼く、煮る、揚げるなど、調理法もバリエーション豊富に取り入れて。同じ食材でも調理法によって食感や風味が変わります。咀嚼回数や栄養素の吸収率も食材と調理法の組み合わせによって変わってくるので、さまざまな調理法を意識しましょう。

1週間の献立例

本書で紹介するレシピで、献立例を組みました。これに主食と汁物を組み合わせるのがおすすめです。

木

もやし入り豚肉団子の甘酢あんかけ →P63

切り干し大根と油揚げ・にんじん煮 →P86

+ ごはん、みそ汁

水

ぶりのごまねぎみそ焼き →P67

高野豆腐とかぼちゃの煮物 →P79

+ ごはん、スープ

火

牛肉とミニトマトのみそ炒め →P59

ブロッコリーポテトサラダ →P80

+ ごはん、スープ

月

めかじきのいそべ揚げ →P68

にんじん大根じゃこ煮 →P75

+ ごはん、みそ汁

組み合わせのポイント

主菜と副菜は別の食材を使用すると栄養バランスがととのいやすくなります。また、煮込みと炒め物を組み合わせるなど、調理法も同じにならないようにするのがおすすめです。

日

チンジャオロース →P56

かぼちゃとさつまいものサラダ →P78

+ ごはん、スープ

土

おからと野菜入りチキンナゲット →P61

白菜とじゃこのふりかけあえ →P85

+ ごはん、みそ汁

金

鮭缶豆腐ハンバーグ →P69

にんじんとごぼうのきんぴら →P74

+ ごはん、みそ汁

1日にとりたい
エネルギー量は
約 **1000** kcal

大人の半分弱くらいが目安

ポイント
2

成長に合った食事をとる

幼児期は年齢によって、体の大きさや成長スピードに差があります。そのため、幼児食は1歳半〜2歳頃を前期、3歳〜5歳頃を後期として分けて進めていきます。

1日の食事目安量

栄養素	食品の分類	目安量
炭水化物	穀類	250〜300g（ごはん子ども用茶碗1杯＋8枚切りの食パン1枚＋ゆでうどん1/2玉）
タンパク質	卵	25g（1/2個）
	肉	20g（鶏肉から揚げ用カット2/3切れ）
	魚	30g（切り身1/3切れ）
	大豆製品	35g（豆腐1/8丁）
	牛乳・乳製品	200〜300g（牛乳コップ1杯＋ヨーグルト1個）
脂質・糖類	油脂類	8g（植物油小さじ2）
	糖類	10g（砂糖大さじ1）
ビタミン・ミネラル	緑黄色野菜	80g（にんじん、ブロッコリー、かぼちゃなど）
	淡色野菜	80〜100g（玉ねぎ、キャベツ、大根など）
	海藻・きのこ類	10〜15g（わかめ、しめじなど）
	いも類	30〜50g（じゃがいも1/3個）
	果物	100g（りんご1/6個＋みかん1個）

幼児食前期

1 歳半〜 **2** 歳頃

栄養バランスは1日の全体量で考える

幼児食前期になると、はっきりした意思表示ができるようになってきます。1歳半頃までは食べ慣れないものに対して警戒し、口にしない傾向がありますが、2歳前後になるとさらに好みが出てきて好き嫌いが目立ち始めます。苦手な食材や味つけは食べないことが度々出てきますが、**無理強いはしないようにしましょ**う。無理に食べさせようとするとその味つけや食材がより嫌いになることもあるので、調理法を変えたり、少し日をおいて子どもが忘れた頃にもう1度食卓に出したりして様子を見るとよいでしょう。

この時期は好きなものでも食べないなど食べムラがあったり、食事中に食べ物で遊んでしまったりということもよくあります。**1回の食事を完食しないことも多いので、1日の全体量でバランスがとれていればよしと考えましょう。**

1日のモデルレシピ

1歳半〜**2**歳頃の

P14「1日の食事目安量」にそった、2歳頃の子ども用モデルレシピを紹介します。子どもの食べる量に合わせて調整してください。

昼

- **鮭とじゃがいものピラフおにぎり**
  P35の「鮭とじゃがいもの炊飯器ピラフ」をにぎる。

- **ミニトマト**
  ミニトマトを半分に切る。

- **コーンスープ**
  P48の「キャベツとしめじのコーンスープ」を温める。

朝

- **ロールパン**
  ロールパン1個を5つに切る。

- **アスパラ豆腐ごまあえの
  チーズスクランブルエッグ**
  P36の「アスパラ豆腐ごまあえ」をフライパンに入れ、粉チーズを混ぜた溶き卵を流し入れて卵が固まるまで炒める。

- **かぼちゃ煮のスープ**
  鍋にだし汁とひと口大に切ったP49の「かぼちゃのおかか煮」を入れて温める。

夜

- **麻婆丼**
  ごはんを盛り、P41の「辛くない麻婆豆腐」をのせる。

- **チンゲン菜とハムのみそ汁**
  鍋にだし汁とP43の「チンゲン菜とハムのソテー」を入れて温め、みそを浴く。

- **みかん**
  皮をむいて食べやすく切る。

おやつ

- **パンプキンスイートポテト**
  P117の「パンプキンスイートポテト」を2個盛る。

- **牛乳**

1日にとりたい
エネルギー量は
約 **1300** kcal
大人の半分強くらいが目安

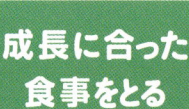

ポイント **2**
成長に合った食事をとる

1日の食事目安量

栄養素	食品の分類	目安量
炭水化物	穀類	300〜350g（ごはん子ども用茶碗1杯強＋6枚切りの食パン1枚＋ゆでうどん2/3玉）
タンパク質	卵	35g（2/3個）
	肉	30g（鶏肉から揚げ用カット1切れ）
	魚	40g（切り身1/2切れ）
	大豆製品	40〜45g（豆腐1/6丁）
	牛乳・乳製品	200〜300g（牛乳コップ1杯＋ヨーグルト1個）
脂質・糖類	油脂類	12〜15g（植物油大さじ1）
	糖類	15g（砂糖大さじ1と1/2）
ビタミン・ミネラル	緑黄色野菜	90g（にんじん、ブロッコリー、かぼちゃなど）
	淡色野菜	110g（玉ねぎ、キャベツ、大根など）
	海藻・きのこ類	10〜15g（わかめ、しめじなど）
	いも類	40〜60g（じゃがいも1/2個）
	果物	100〜150g（りんご1/4個＋みかん1個）

幼児食後期

3歳〜5歳頃

さまざまな味を体験して味覚の幅を広げよう

幼児食後期になると食事のマナーを覚えたり、配膳のお手伝いをしたりすることもできるように。多くの子が幼稚園などに通い、友達と楽しく食事をするなど、社会性を学ぶ機会も増えます。

この時期になると胃が成長し、食事の1回量が増えます。おやつも腹持ちがよいものを選ぶようにしましょう。食べるのがゆっくりで少量の場合でも、小学校入学前には一定の時間に適量を食べられるように応援していきましょう。食べられるものも多くなり、味覚の幅が広がります。甘み、塩味、うまみの他に、酸味のある料理もおいしいと感じるようになってきます。とはいえ、きつい酸味にはまだまだ食べづらさを感じるので、ポン酢しょうゆ、甘酢あんなど、やわらかい酸味のもので少しずつ慣れさせるとよいでしょう。

1日のモデルレシピ

P16「1日の食事目安量」にそった、4歳頃の子ども用モデルレシピを紹介します。子どもの食べる量に合わせて調整してください。

昼

- **蒸し鶏とチンゲン菜のスープ煮うどん**
  ゆでうどんにP41の「蒸し鶏とチンゲン菜のレンジスープ煮」をかける。

- **さつまいものレモン煮**
  P43の「さつまいものレモン煮」を2つ盛る。

- **麦茶**

朝

- **にんじんのサンドイッチ**
  食パンにP42の「ハムとにんじんのサラダ」とスライスチーズをはさみ、切る。

- **フルーツヨーグルト**
  プレーンヨーグルトに好みのフルーツをのせる。

夜

- **ポークソテー**
  P34の「野菜ときのこ入り薄切りポークソテー」を2つ盛る。

- **野菜のケチャップソテー**
  P37の「たっぷり野菜のケチャップソテー」を盛る。

- **ほうれん草と豆腐のスープ**
  P37の「ほうれん草と豆腐のスープ」を盛る。

- **きゅうり**　　　　・**ごはん**
  スティック状に切る。

おやつ

- **ケークサレ**
  P114の「しらすとブロッコリー・コーンのケークサレ」を切る。

- **ぶどう**

- **牛乳**

菌を増やさない＆殺菌する

衛生管理の基本は除菌と殺菌。安心して食べられるように、調理の前後は毎回行いましょう。

ポイント 3

衛生管理に気を配る

子どもは細菌に対する抵抗力が弱いので、衛生管理には注意が必要です。作りおきをするときは、「菌を増やさない＆殺菌する」に加えて、「正しい保存・再加熱」をしましょう。

● 手を洗う

調理前や生肉・生魚を触った後は必ず手を洗って。洗うときは石鹸をつけてから流すまで20秒かけて洗い、清潔な状態にしましょう。

  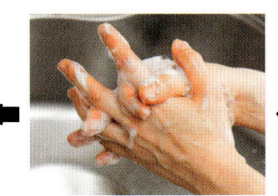 

手首まで洗い、水で流します。洗い終わったら、清潔なタオルでふきましょう。

爪の間は手のひらに爪をこすりつけるようにして洗います。あれば爪ブラシを使いましょう。

指の間をこすり洗いします。指1本1本を根元から指先に向かってていねいに洗いましょう。

手を水で濡らし、石鹸をつけて手をこすり、しっかり泡立てます。石鹸はたっぷり使って。

● まな板を除菌する

まな板のキズの間は汚れが溜まりやすく、菌が繁殖しやすい場所。調理が終わったら毎回漂白剤で除菌し、よくすすいで乾かしましょう。

● 食材をしっかり加熱する

加熱することで殺菌されます。特に卵、肉、魚は菌が繁殖しやすいので、十分に加熱しておきましょう。

● 調理器具を消毒する

調理前にはアルコールスプレーを。包丁は刃の部分だけでなく、柄も忘れずに。乾燥するときに消毒されるので、乾いてから使いましょう。

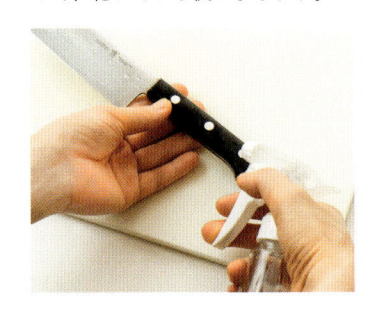

正しい方法で保存・再加熱する

衛生管理に気をつけて調理しても、保存時や食べる前に菌を繁殖させてしまったら意味がありません。正しい方法で保存・再加熱しましょう。

● しっかり冷ます

温かい状態で冷蔵庫へ入れると水滴がついてしまい、菌が繁殖しやすい状態になります。しっかり冷ましてからラップやふたをして。

● 調理した日付を書く

作りおきしたおかずは、保存期間を守って食べることがマスト。調理日がわかるようにメモし、期間内に食べきりましょう。

● 使いやすい分量で保存する

再加熱して食べきれない分量を保存すると傷みやすいので、使いやすい分量（食べやすい分量）に分けて保存しましょう。

● 大きいものは1つずつラップに包む

大きいものは取り出しやすいように、1つずつラップで包みましょう。乾燥を防ぎ、取り出すときに菌が付着しにくいというメリットも。

衛生管理に気を配る

● ふたやラップはぴったりつける

保存中に外から雑菌やにおいがついたり、汁がたれたりしないように、ふたやラップはぴったりつけましょう。

● ぴったりサイズの保存容器に入れる

空いた空間が広いと菌が繁殖しやすくなります。できるだけぴったりサイズの容器を選びましょう。保存袋に入れるときは空気を抜いて。

● たれやソースは別に保存する

たれやソースをかけて食べるおかずは、混ぜずに別々の容器に入れて保存して。たれやソースをかけてしまうと水分が出たり、色や風味が変わったりと、おいしくなくなってしまいます。

● 煮物など汁気のあるものは汁ごと保存

煮込み料理は冷めるときに味がしみ込むので、汁ごと保存容器へ入れましょう。冷蔵庫に入れるときは汁がこぼれないようにふたやラップをぴったりつけ、ふらつかない安定した場所に置いて。

● 再加熱するのは食べる前だけ

作りおきして冷蔵庫へ入れたら、再加熱は1度だけにしましょう。何度も再加熱すると菌が繁殖しやすくなり、鮮度もどんどん落ちていくので、食べる分だけ取り分けて再加熱するようにします。

● お弁当に入れる前に再加熱する

冷蔵保存だとそのままお弁当に詰められますが、電子レンジなどで再加熱して改めて殺菌するのがおすすめ。特に食べるまでに時間がかかる場合は気をつけましょう。

● 冷蔵庫には物を入れすぎない

冷蔵庫は物が詰まっていると冷気が循環しにくく、均等に冷えないことも。また、物が多いと容器が不安定になりやすかったり、探すのに時間がかかったりするので、ある程度空間に余裕をもたせてストックしましょう。早く使う必要があるものを手前に置くこともポイントです。

● きれいな箸で取り分ける

食べる分だけ取り分け、残りを再び冷蔵庫で保存するときは、取り分ける箸に注意。雑菌がつかないように、乾いたきれいな箸を使って。

冷凍保存のコツ

● 常温では解凍しない

解凍するときは電子レンジで温めましょう。常温に置いておくと、解凍されていく段階で少しずつ菌が繁殖していきます。時間があるときは冷蔵庫へ入れて解凍してもOK。

● 調理してから冷凍する

食材だけを切って冷凍するよりも、調理して味つけしてから冷凍するほうがすぐ食べられて楽。調味料がしみ込んでいるので、おいしく保存できます。

● 急速冷凍する

急速冷凍するほうが鮮度がよいまま保存できます。ラップで平らに包み、アルミバットの上に置くと熱伝導がよく、冷凍スピードが早まります。

忙しい
ママ・パパのための

時短のコツ

料理は段取りが大切。時間や手間のムダを省き、効率よく料理する
ためのコツ・アイデアを紹介します。

1 食材の選び方を工夫する

火が通りやすい食材や調理の手間がかからない食材を選ぶと、忙しい
ときでもスピーディー！ 「時短におすすめの食材」を常備しておく
と便利ですよ。

時短におすすめの食材

＼短時間で加熱／
火が通りやすい野菜

青菜やかぶ、さやいんげん
などは火が通りやすいので
常備しておくと安心です。
特に青菜は手でちぎったり、
キッチンばさみで切ったり
と調理のしやすさも◎。

＼切る手間なし／
切り身魚・ひき肉

下処理が不要な切り身魚は
時短食材の定番！ 骨を除く
作業も簡単なので、子ども
が食べる料理でも使いやす
いです。

ひき肉はやわらかいので子
どもも食べやすく、火の通
りも早い便利食材。

＼そのまま使える／
豆腐・納豆

小さな子でも食べやすい豆
腐や納豆は加熱せずに食べ
られるので、常備しておき
たい食材。刻んだ青菜やし
らすをのせたりと、アレン
ジしやすいのもうれしい！

＼ストックできる／
缶詰・乾物・レトルトパウチ

長期保存できる缶詰や
レトルトパウチは調理
時間が短縮できるうえ
に、冷蔵庫に食材がな
い！ というときも安心。
乾物は栄養が凝縮され
ているので、少量プラ
スするだけで栄養価が
グッとアップします。

＼少しずつ使える／
冷凍野菜

市販の冷凍野菜は野菜を加
熱処理し、急速冷凍してい
ます。パラパラな状態で冷
凍されているので、少しだ
け使いたいときも便利で
す。

2 洗い物を少なくする

時間と手間がかかる洗い物はできるだけ少なくしたいですよね。
包丁やまな板の登場回数を減らしたり、使い捨ての袋を使うなど
工夫次第で洗い物の手間は減ります。

● ピーラーで切る

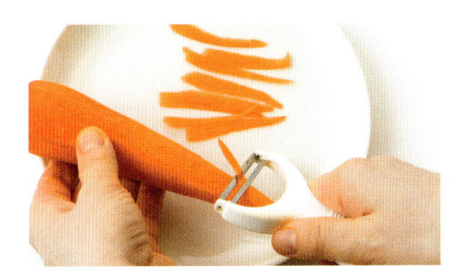

根菜など火が通りにくいものはピーラーで薄く切ると子どもも食べやすく、洗い物も少なくて済むので一石二鳥。

● キッチンばさみで切る

さやいんげんや長ねぎなど、やわらかく細長いものや葉物野菜などは、キッチンばさみで切ってみましょう。

● ポリ袋を使う

肉ダネを作ったり、調味料をもみ込んだりするときはポリ袋なら使い捨てできて便利。まんべんなく混ぜられるという利点も。

● 手でちぎる

葉物野菜などは手でちぎるという方法も。料理によっては手でちぎったほうが味がしみ込みやすいという場合もあります。

● まとめ切りしておく

野菜はまとめ切りしてしまえば、包丁やまな板を出したり洗ったりする手間が少なくて済みます。玉ねぎは皮をむいておくだけでも時短に。切った野菜はポリ袋や保存袋に入れ、口を閉じて冷蔵庫へ。3日ほどで使い切って。

火が通りやすく子どもが食べやすい切り方に

切り方次第で食感が変わったり、火が通る時間が変わったりするもの。子どもが食べやすく時短につながる切り方を覚えておきましょう。

 肉は繊維が多く、調理の工夫をしないと子どもがかみ切りにくい場合も。幼児食によく使う薄切り肉と鶏肉の切り方を紹介します。

● 細切りでかみ切りやすく

薄切り肉は端から細長く切り、かみ切りやすくしましょう。少量ならキッチンばさみで切るのもおすすめです。調理後に子ども用だけ細かく切ってもOK。

食べやすいサイズ

1歳半〜2歳
1cm幅

食べやすいサイズ

3歳〜5歳
2〜3cm幅

● そぎ切りでやわらかく

分厚い鶏肉は、そぎ切りにすることで加熱しても肉が縮みにくくなり、やわらかく仕上がります。

皮や脂肪は除いて、繊維を断つように斜めに包丁を入れ、そぎ切りにする。5mm程度の厚さが料理しやすく、食べやすい。

サイズ感を覚えておこう

0 1 2 3 4 5 6 7 8 9 10

 **魚**

魚はやわらかく、食べるのは簡単ですが、パサパサしやすい食材。食感をよくすれば、苦手な子でも食べやすくなるかも!?

● そぎ切りでふっくら

魚は小さく切るとボロボロになりやすいので、肉や野菜とは違い、厚めに切るのがおすすめです。火の通りはあまり変わらないので安心して。

斜めに包丁を入れ、そぎ切りにして皮を除く。

食べやすいサイズ

1歳半〜2歳
2cm大×7mm厚さ

● 小骨を除いて安全に

3枚おろしで購入しても、小骨が残っていることも。のどに刺さらないように取り除きましょう。

縦半分に切り、小骨をそぐように切る。

食べやすいサイズ

3歳〜5歳
5cm大×1.5cm厚さ

野菜

効率よく切れて、子どもにも食べやすくなる一石二鳥な切り方を紹介します。

● ピーラーでそいで食べやすく

ピーマンはピーラーで縦にそぐと火が通りやすく、食べやすくなります。

● 根菜は繊維を断ってやわらかく

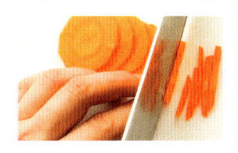
にんじんや大根、ごぼうなどは輪切りにしてから細切りにすると繊維が断たれてやわらかくなります。

● 食べやすいサイズに

玉ねぎは1個を縦半分に切り、さらに横半分に切ってから細切りにすると、子どもが食べやすいサイズに切れます。

● 手づかみしやすい&フォークで刺しやすい形に

にんじんは細切り（または短冊切り）か、子どものひと口サイズの乱切り（またはいちょう切り）がおすすめ。

細切り
いちょう切り
短冊切り
乱切り

食べやすいサイズ

1歳半〜2歳
3cm長さ×3mm厚さ
2cm大×5mm厚さ

食べやすいサイズ

3歳〜5歳
4cm長さ×1cm厚さ
2.5cm大×2cm厚さ

4 先取り調理で スキマ時間を有効活用

一品作る時間はなくても、ちょっと作業ができる時間を見つけたらやっておきたいのが先取り調理。少し先取りしておくだけで料理の負担が減ります。

先取り調理 ①
ゆで野菜を常備しておく

まとめてゆでておけば、調理にそのまま使えて加熱時間が短くすみます。いろいろな料理に使いやすいじゃがいも、にんじん、小松菜（青菜）は常備しておくと便利！

じゃがいも

じゃがいもを皮をむいて食べやすい大きさに切り、ゆでたもの。みそ汁に入れたり、つぶしてポテトサラダにしても。

にんじん

皮をむき、輪切りや細切りにしてゆでたもの。カレーや炒め物など、アレンジしやすい。彩りとしても使いやすい食材。

小松菜

小松菜をゆでて切ったもの。おひたしにしたり、刻んで納豆に入れたり、スープやグラタンの具などにもおすすめ。

先取り調理 ②
まとめ切りしておく

よく使う肉や魚、野菜はまとめ切りしておけば、すぐに使える上にまな板を出す手間や洗う手間も省けます。使用する分ずつまとめて保存しましょう。

肉や魚は買ったらカットして保存

肉や魚は冷蔵庫に入れる前に切ってしまうのがおすすめ。先に切っておけば、冷蔵庫内も省スペースでおさまります。

野菜は少しずつ切りためておいても

野菜は料理のついでにちょっと多めに切っておくのもよいでしょう。すぐに調理に取りかかれます。

肉や魚の味つけをしておく

下味をつけて保存しておけば、そのまま加熱するだけなので楽ちん。しかも味がしみ込んで、おいしくなります。3つの定番味つけを紹介。どれも冷蔵で3日間、冷凍で14日間保存できます。

保存のポイント

ジッパーつき保存袋に入れたら、できるだけ空気を抜きましょう。平らにして冷凍すると早く解凍できます。

▶ 豚肉の塩味

野菜炒めや焼きそばの具としてもおすすめの味つけ。

材料 と 作り方

（大人2人＋子ども1人✕1食分）

豚こま切れ肉200gをジッパーつき保存袋に入れ、塩小さじ1/4、酒小さじ2、こしょう少々を加えてもみ込む。

▶ 鮭のみそ漬け

牛乳と煮込んでスープ煮にしたり、野菜と一緒にアルミホイルで包んで焼けば、ちゃんちゃん焼き風に！

材料 と 作り方 （大人2人＋子ども1人✕1食分）

鮭200gをそぎ切りにしてジッパーつき保存袋に入れ、みそ、みりん各大さじ1を加えて漬ける。

▶ 豚肉のしょうゆ味

煮物や、しょうが汁を加えてしょうが焼きにも。

材料 と 作り方 （大人2人＋子ども1人✕1食分）

豚こま切れ肉200gをジッパーつき保存袋に入れ、しょうゆ小さじ2、みりん小さじ2、砂糖小さじ1/2を加えてもみ込む。

5 手作り万能ダレを使う

応用範囲の広い万能ダレがあれば、食材を焼くだけ、ゆでるだけなど、シンプルな調理法でおいしく仕上げられます。多めに作って清潔な保存容器に入れておくのも◎。

\手作りダレなら……/

添加物がなくて安心

調味料を組み合わせて自分で作れば保存料や添加物が入っていないので、安心して子どもに食べさせられます。

やさしい味で子どもでも食べやすい

市販のものだと塩気が強く、味が濃いですが、手作りなら子どもでも食べやすい味にできます。野菜を混ぜるのもおすすめ。

冷蔵
5日
保存期間

▶ おろしにんじん みそダレ

材料と作り方 （作りやすい分量）
※ P113 で使用

耐熱容器にすりおろしたにんじん、みそ、みりん、水各大さじ1を入れて混ぜ、ラップをしないで電子レンジで1分ほど加熱して混ぜる。

使い方 ・冷しゃぶにかける
・野菜につける

冷蔵
5日
保存期間

▶ ごまダレ

材料と作り方 （作りやすい分量）
※ P85 で使用

耐熱容器に水大さじ2、サラダ油、しょうゆ各小さじ2、砂糖小さじ1、酢小さじ1/2、片栗粉小さじ1/2を入れて混ぜる。ふんわりラップをして電子レンジで40〜50秒ほど加熱し、白すりごま大さじ2を混ぜる。

使い方 ・そうめんのつけつゆに
・豆腐にかける

冷蔵 3日
保存期間

▶ フレンチ ドレッシング

材 料 と 作 り 方　（作りやすい分量）
※ P78 で使用

ボウルにオリーブオイル小さじ2、レモン汁小さじ1、砂糖小さじ1/2、塩小さじ1/4を入れて混ぜる。

使 い 方　・焼いた魚や肉にかける
　　　　　　・スパゲティとあえる

▶ ポン酢しょうゆ

材 料 と 作 り 方　（作りやすい分量）※ P81、87 で使用

耐熱容器にしょうゆ小さじ2と1/2、みりん小さじ1と1/2、酢小さじ1、顆粒昆布だしの素小さじ1/4を入れて電子レンジでラップをしないで50秒ほど加熱する。レモンなどのかんきつ類の搾り汁小さじ1を混ぜる。

使 い 方　・野菜炒めの味つけ
　　　　　　・鍋のつけつゆ

冷蔵 5日
保存期間

冷蔵 2カ月
保存期間

▶ めんつゆ

材 料 と 作 り 方　（作りやすい分量）

鍋にかつお削り節15g、だし昆布5cm大、干ししいたけ1枚、しょうゆ、みりん各150ml、酢小さじ1/2を入れて中火でひと煮立ちさせ、弱火にして8分ほど煮出してざるでこす。

使 い 方　・うどんやそうめんのつけつゆ
　　　　　　・煮物の味つけ

▶ 甘酢（すし酢）

材 料 と 作 り 方　（作りやすい分量）

鍋に米酢大さじ6、砂糖大さじ2、塩小さじ1、だし昆布3cm大を入れ、中火でひと煮立ちさせて冷ます。昆布を取り出す。

使 い 方　・ごはんに混ぜてすし飯に
　　　　　　・サラダのドレッシング

冷蔵 2カ月
保存期間

電子レンジを使うときのポイント

すぐに加熱できて便利な電子レンジは時短料理の心強い味方！
使い方のポイントをおさえて料理に活用しましょう。

🔴 水分量が多いものは深めの容器で加熱する

スープや汁気の多いものを加熱するときは吹きこぼれやすいので、深めの耐熱容器を使いましょう。

🔴 加熱するときは必ず水分をたす

加熱するときは水分をたして乾燥を防いで。野菜は水をかけ、ラップをして加熱すればあっという間に火が通ります。

🔴 蒸しパンは深めの容器に入れてラップを

蒸しパンなどの生地はラップがたるんで生地についてしまうことも。深めの耐熱容器に入れてラップをすれば、つきにくくなります。

🔴 にんじんは細切りならレンジ向き

にんじんは細切りやいちょう切りなど薄い状態なら電子レンジ加熱がおすすめ。乱切りなど厚みがある場合は鍋でゆでましょう。

🔴 様子を見ながら加熱する

レシピにある加熱時間は600Wの場合の目安です。機種によって熱の通り方が異なるので、様子を見ながら短時間ずつ加熱しましょう。

🔴 肉・たらこなどは短時間ずつ加熱

特に、脂が多い肉やたらこ、卵などは加熱時に爆発しやすいので、短時間ずつ加熱するなど、様子を見ながら加熱しましょう。

メイン・サブをまとめて作ろう！

40分で
3日分のおかず

作りおきおかずがあれば、忙しい日でも気が楽。
この章では冷蔵庫で保存できる3日分のメイン（主菜）と
サブ（副菜）おかずのレシピを3セット紹介します。
買い物しやすいように、食材は10品ずつに絞りました。
空いた時間にまとめて作って、3日間楽しちゃいましょう！

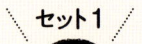

3日分の作りおきおかず

メイン

A 野菜ときのこ入り
　　薄切りポークソテー

B ほうれん草入りミートローフ

C 鮭とじゃがいもの炊飯器ピラフ

サブ

D アスパラ豆腐ごまあえ

E たっぷり野菜の
　　ケチャップソテー

F ほうれん草と豆腐のスープ

🛍 用意する食材10品

〔 肉・魚類 〕

豚ロース薄切り肉(しゃぶしゃぶ用) ………… 200g

牛豚合いびき肉 ………………………………… 200g

生鮭(切り身) ………………………… 2切れ(160g)

〔 野菜・きのこ類 〕

玉ねぎ ……………………………………… 2個(400g)

じゃがいも ………………………………… 2個(240g)

グリーンアスパラガス ………………… 1束(100g)

ほうれん草(小松菜でもOK) ………… 1/2(90g)

エリンギ ……………………………………… 2本(100g)

※他のきのこでもOK

〔 その他 〕

冷凍ミックスベジタブル ………………… 200g

絹ごし豆腐 …………………………………… 300g

⏱ time table

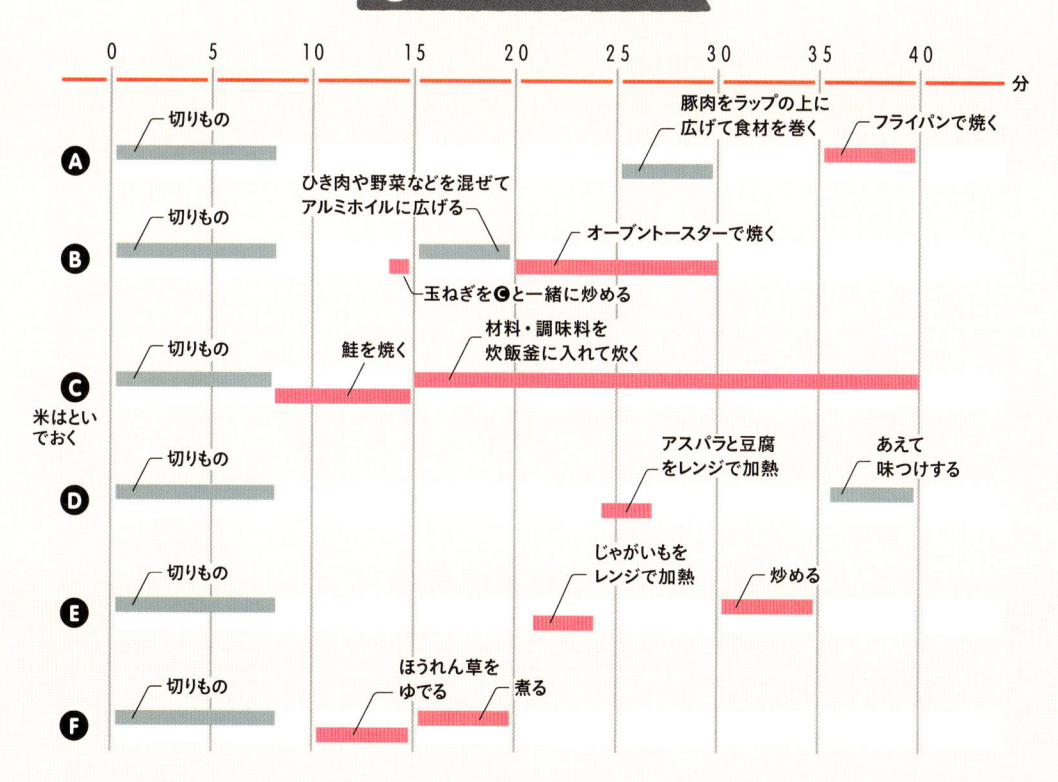

冷蔵 2日 保存期間 / 冷凍可 14日 / お弁当に

メイン🅐

▶ 野菜ときのこ入り薄切りポークソテー

材料

（大人2人＋子ども1人✕1食分）

豚ロース薄切り肉
　（しゃぶしゃぶ用）… 200g
玉ねぎ … 1/4個
エリンギ … 1/2本
塩 … 小さじ1/4
こしょう … 少々
薄力粉（または片栗粉）
　… 大さじ2
サラダ油 … 大さじ1

作り方

1. 玉ねぎは長さ半分の細切りにし、エリンギは2cm長さの細切りにする。

2. ラップの上に豚肉を広げて塩、こしょうをふり、茶こしで薄力粉をふりかける。玉ねぎ、エリンギを散らし、豚肉を1枚ずつ持ち上げて3つ折りにし、玉ねぎとエリンギを包む。

3. 熱したフライパンにサラダ油をひき、肉の閉じ目を下にして並べ、ふたをして中火で焼く。焼き色がついたら裏返し、肉にしっかり火が通るまで焼く。

Point

玉ねぎとエリンギを包むように3つ折りにしましょう。

part 1

冷蔵 2日	14日	
保存期間	冷凍可	お弁当に

冷蔵 3日	14日	
保存期間	冷凍可	お弁当に

メイン C

▶ 鮭とじゃがいもの 炊飯器ピラフ

材料 （大人2人＋子ども1人✖1食分）

米 … 2合	Ⓐ 牛乳 … 100ml
生鮭（切り身）… 160g	サラダ油 … 小さじ2
玉ねぎ … 1/2個	しょうゆ、塩、
エリンギ … 1本	顆粒ブイヨンスープの素
じゃがいも … 1個	… 各小さじ1/2
サラダ油 … 小さじ1	冷凍ミックスベジタブル
	… 100g

作り方

❶ 米をといで20分ほど水に浸しておく。鮭はキッチンペーパーで水気をふき取り皮と骨を除いて食べやすい大きさ（P25参照）にそぎ切りにし、オーブントースター（または魚焼きグリル）で色が変わるまで7分ほど焼く。玉ねぎはみじん切り、エリンギは2cm長さの細切り、じゃがいもは1cm角に切る。

❷ 熱したフライパンにサラダ油をひき、玉ねぎをしんなりするまで中火で炒める。

❸ 炊飯釜に水気をきった米、Ⓐを入れ、2合の目盛りまで水を加える。エリンギ、じゃがいも、ミックスベジタブル（冷凍のまま）、玉ねぎ、鮭をのせて早炊きモードで炊く。

❹ 炊けたら10分ほど蒸らし、鮭をほぐしながら混ぜる。

メイン B

▶ ほうれん草入りミートローフ

材料 （大人2人＋子ども1人✖1食分）

牛豚合いびき肉	Ⓐ パン粉 … 大さじ2
（または豚ひき肉）… 200g	塩 … 小さじ1/4
ほうれん草（茎）… 1/2束分	こしょう … 少々
玉ねぎ … 1/2個	
サラダ油 … 小さじ1	
絹ごし豆腐 … 50g	

作り方

❶ ほうれん草はゆでてみじん切りにし、水気を絞る。玉ねぎはみじん切りにし、熱したフライパンにサラダ油をひき、しんなりするまで中火で炒める。

❷ ポリ袋にひき肉、豆腐、Ⓐを入れて混ぜ、❶のほうれん草、玉ねぎを加えて混ぜ合わせる。

❸ サラダ油（分量外）を塗ったアルミホイルに❷を厚さ2cmほどに広げ、アルミホイルのふちを折る。オーブントースター（または190℃のオーブン）で表面にこんがり焼き色がつき、透明の肉汁が出てくるまで10分ほど焼く。冷めたら食べやすく切る。

※こげそうになったら上にアルミホイルをのせる。

Point

● ほうれん草は茎を使用します。株ごとゆで、葉はP37「ほうれん草と豆腐のスープ」に使いましょう。

● 玉ねぎは「鮭とじゃがいもの炊飯器ピラフ」の玉ねぎと一緒に炒めると効率アップ！

アスパラも小さく切れば
食べやすいよ♪

冷蔵 **2**日
保存期間　電子レンジ　お弁当に

サブ D

▶ アスパラ豆腐ごまあえ

材料

（大人2人➕子ども1人✖1食分）

グリーンアスパラガス … 100g
絹ごし豆腐 … 150g
Ⓐ しょうゆ、砂糖 … 各小さじ1/2
　 塩 … 小さじ1/4
　 白すりごま … 大さじ1

作り方

❶ アスパラはピーラーで根元のかたい部分の皮を薄くむいて長さを半分に切り、穂先のほうを2cm長さ、茎のほうを2cm長さの斜め薄切りにする。耐熱容器に入れて豆腐をのせ、ふんわりラップをして電子レンジで2分30秒ほど加熱する。ざるにあげ水気をきって冷ます。

❷ ❶にⒶを加えてスプーンで豆腐を粗く崩しながら混ぜる。

part 1

冷蔵 **2**日
保存期間

冷蔵 **3**日
保存期間　お弁当に

サブ F

▶ ほうれん草と豆腐の スープ

材料 （大人2人＋子ども1人✕1食分）

ほうれん草（葉）… 1/2束分	Ⓐ しょうゆ … 小さじ1
絹ごし豆腐 … 100g	塩 … 小さじ1/2
玉ねぎ … 1/2個	水溶き片栗粉
エリンギ … 1/2本	（片栗粉大さじ1＋水大さじ2）
だし汁 … 500ml	

作り方

❶ ほうれん草はゆでて1cm幅に切る。豆腐は1cm角に、玉ねぎは長さ半分の細切り、エリンギは2cm長さの細切りにする。

❷ 鍋にだし汁、玉ねぎ、エリンギを入れて中火で煮る。火が通ったら、豆腐、Ⓐを加え、水溶き片栗粉を回し入れて混ぜ、とろみがつくまで煮て火を止める。最後にほうれん草を混ぜる。

Point

ほうれん草は葉を使用します。株ごとゆで、茎は
P35「ほうれん草入りミートローフ」に使いましょう。

サブ E

▶ たっぷり野菜の ケチャップソテー

材料 （大人2人＋子ども1人✕1食分）

じゃがいも … 1個	Ⓐ トマトケチャップ … 大さじ2
玉ねぎ … 1/4個	塩 … 少々
サラダ油 … 小さじ2	
冷凍ミックスベジタブル … 100g	

作り方

❶ じゃがいもは1cm角に切って水洗いし、耐熱容器に入れて水大さじ2（分量外）をかける。ふんわりラップをして電子レンジで3分ほど加熱し、水気をきる。玉ねぎは長さ半分の細切りにする。

❷ 熱したフライパンにサラダ油をひき、玉ねぎを入れて中火で炒める。しんなりしてきたら、ミックスベジタブル（冷凍のまま）、じゃがいもを入れて火が通るまで炒め、Ⓐを加えて混ぜる。

3日分の作りおきおかず

メイン
- Ⓐ あじとさつまいもの甘酢あん炒め
- Ⓑ 辛くない麻婆豆腐
- Ⓒ 蒸し鶏とチンゲン菜の
  レンジスープ煮

サブ
- Ⓓ ハムとにんじんのサラダ
- Ⓔ チンゲン菜とハムのソテー
- Ⓕ さつまいものレモン煮

🔒 用意する食材10品

〔 肉・魚類 〕

鶏むね肉	250g
豚ひき肉	150g
真あじ（3枚おろし）	3尾分（180g）

※他の魚でもOK

〔 野菜・きのこ類 〕

チンゲン菜	2株（200g）
にんじん	1本（150g）
長ねぎ	1本（100g）
さつまいも	1本（250g）
えのきだけ	1袋（100g）

〔 その他 〕

木綿豆腐	1丁（300g）
ロースハム（スライス）	60g

⏱ time table

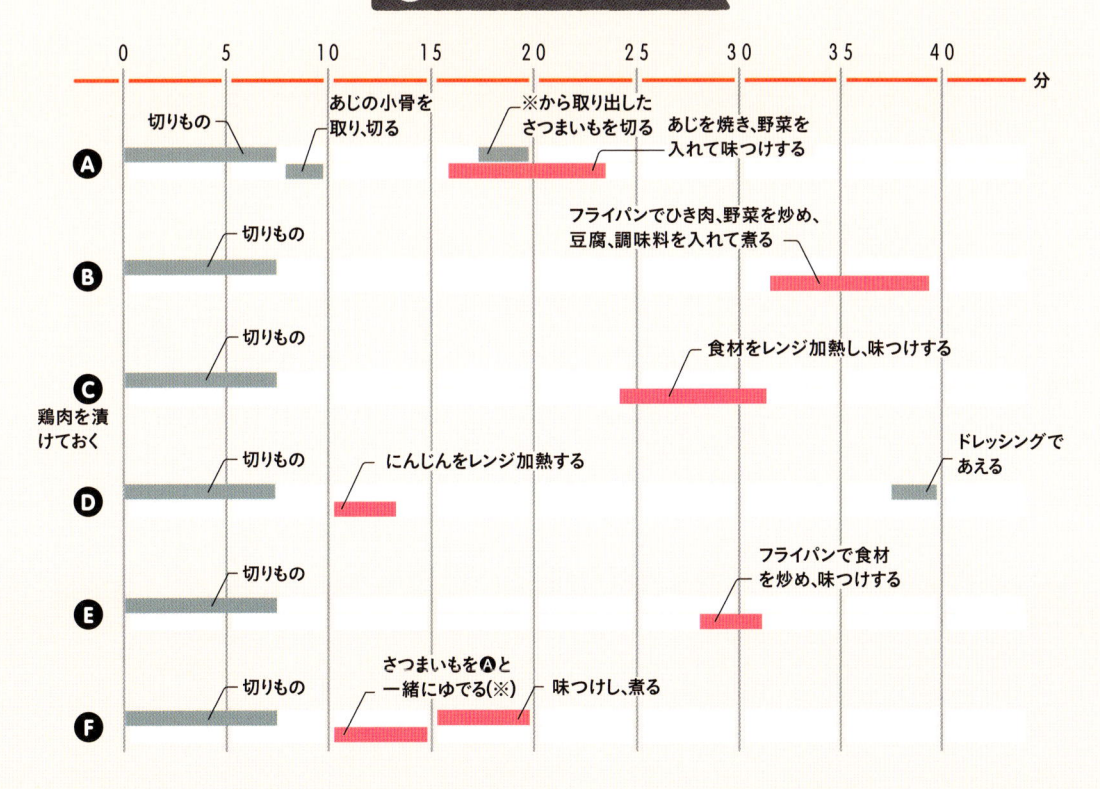

メイン🅐

▶ あじとさつまいもの甘酢あん炒め

【 材 料 】

(大人2人➕子ども1人✖1食分)

真あじ(3枚おろし)
　　… 3尾分(180g)
塩 … 小さじ1/4
さつまいも … 1/2本
長ねぎ … 1/3本
サラダ油 … 適量
🅐 水 … 100ml
　片栗粉 … 小さじ2
　しょうゆ、みりん、酢、砂糖
　　… 各小さじ1

【 作 り 方 】

❶ あじはキッチンペーパーで水気をふき取って縦半分に切り、小骨を除いて半分の長さに切って、塩をふる。さつまいもは1cm厚さの半月切りにし、かためにゆでる。長ねぎは小口切りにする。

❷ 熱したフライパンにサラダ油をひき、あじを並べ、まわりにさつまいもを入れて中火で両面を焼く。焼き色がついたら長ねぎを入れてさっと炒め、混ぜ合わせた🅐を加えてとろみがつくまで混ぜながら煮る。

Point

● 3枚おろしのあじは縦半分に切り、小骨をそぐように切りましょう。

● さつまいもはP43「さつまいものレモン煮」と一緒にゆでて取り出すと効率的。

part 1

冷蔵 **3**日
保存期間　電子レンジ

冷蔵 **2**日
保存期間　お弁当に

メイン C

▶ 蒸し鶏とチンゲン菜の レンジスープ煮

材料（大人2人＋子ども1人✕1食分）

鶏むね肉 … 250g	にんじん … 50g
塩麹 … 大さじ1	だし汁 … 500ml
チンゲン菜 … 70g	Ⓐ しょうゆ、ごま油
長ねぎ … 1/3本	… 各小さじ1

作り方

❶ 鶏肉はひと口大のそぎ切りにし、ポリ袋に塩麹と一緒に入れてもみ込み、口を閉じて冷蔵庫で20分〜一晩漬ける。チンゲン菜は1cm幅に、長ねぎは小口切り、にんじんはせん切りにする。

❷ 深めの耐熱容器にだし汁、チンゲン菜以外の❶を入れてふんわりラップをし、電子レンジで5分ほど加熱する。チンゲン菜を加えてさらに2分ほど加熱し、Ⓐを混ぜる。

Point

塩麹は肉をやわらかくします。ポリ袋を使ってもみ込みましょう。塩麹がなければ酒小さじ2、塩、砂糖各小さじ1/2でもOK。

メイン B

▶ 辛くない麻婆豆腐

材料（大人2人＋子ども1人✕1食分）

豚ひき肉 … 150g	水 … 300ml
チンゲン菜（茎） … 60g	Ⓐ みそ、しょうゆ … 各大さじ1
長ねぎ … 1/3本	片栗粉 … 小さじ4
えのきだけ … 50g	トマトケチャップ … 小さじ2
木綿豆腐 … 300g	顆粒鶏ガラスープの素
ごま油 … 大さじ1	… 小さじ1

作り方

❶ チンゲン菜と長ねぎはみじん切りにする。えのきは石づきを除いて1cm長さに、豆腐は1.5cm角に切る。

❷ 熱したフライパンにごま油をひき、豚ひき肉を入れてほぐしながら中火で炒める。色が変わったら、チンゲン菜、長ねぎ、えのきを入れてさっと炒め、水を加える。煮立ったら豆腐を入れて温め、混ぜ合わせたⒶを加えてとろみがつくまで混ぜながら煮る。

大人Arrange

大人は食べる際にラー油、こしょうなどを加えて辛味をたしても。

冷蔵 **2日** 保存期間 / ❄ **14日** 冷凍可 / 電子レンジ / お弁当に

サブ Ⓓ

▶ ハムとにんじんのサラダ

材料
（大人2人＋子ども1人✕1食分）

にんじん … 100g
ロースハム（スライス）… 30g
Ⓐ レーズン … 大さじ1
オリーブオイル、レモン汁
　　… 各小さじ2
塩麹 … 小さじ1

作り方

❶ にんじんは3cm長さのせん切りにし、耐熱容器に入れて水大さじ3（分量外）をかけ、ふんわりラップをする。電子レンジで2分30秒ほど加熱し、水気をきる。

❷ ハムは長さ半分のせん切りにする。

❸ ❶にハム、Ⓐを混ぜる。

冷蔵 3日	❄ 14日	🍱
保存期間	冷凍可	お弁当に

冷蔵 3日	❄ 14日	🍱
保存期間	冷凍可	お弁当に

サブ F

▶ **さつまいもの
レモン煮**

材料 （大人2人＋子ども1人✕1食分）

さつまいも … 1/2本

Ⓐ 砂糖 … 大さじ2
　レモン汁 … 小さじ1
　塩 … 少々

作り方

① さつまいもは1cm厚さの輪切りにし、水洗いしてアクを抜く。

② 鍋にさつまいもを入れ、浸るほどの水（分量外）を入れてふたをし、5分ほどかためにゆでる。Ⓐを加え、さつまいもがやわらかくなるまでさらに5分ほど煮る。

Point

● さつまいもはP40「あじとさつまいもの甘酢あん炒め」と一緒にゆでると効率的。

● 煮汁に浸したまま保存しましょう。

サブ E

▶ **チンゲン菜と
ハムのソテー**

材料 （大人2人＋子ども1人✕1食分）

チンゲン菜 … 70g
えのきだけ … 50g
ロースハム（スライス）
　… 30g

オリーブオイル … 小さじ2
ひじきふりかけ … 大さじ1
塩 … 少々

作り方

① チンゲン菜は1cm幅に切り、えのきだけは石づきを除いて1cm長さに切る。ハムは長さ半分のせん切りにする。

② 熱したフライパンにオリーブオイルをひき、①を入れて炒め、ひじきふりかけ、塩を加えて混ぜる。

ひじきのふりかけを使って、簡単に鉄分をプラス！

3日分の作りおきおかず

- Ⓐ
- Ⓑ
- Ⓒ
- Ⓓ
- Ⓔ
- Ⓕ

メイン

- Ⓐ 牛肉とキャベツのケチャップ炒め
- Ⓑ めかじきとブロッコリーの
  みそ炒め
- Ⓒ 鶏手羽中とかぼちゃのロースト

サブ

- Ⓓ キャベツとしめじのコーンスープ
- Ⓔ かぼちゃのおかか煮
- Ⓕ ブロッコリーしらすコーンあえ

🔒 用意する食材10品

〔肉・魚類〕

鶏手羽中	300g
牛切り落とし肉	200g
めかじき(切り身)	2切れ(180g)
しらす干し	25g

〔野菜・きのこ類〕

かぼちゃ	1/4個(300g)
キャベツ	1/4個(250g)
ブロッコリー	1個(250g)
しめじ	1袋(100g)
にんにく	小1片(すりおろし小さじ1)

〔その他〕

ホールコーン(缶詰)	1缶(固形量145g)

⏱ time table

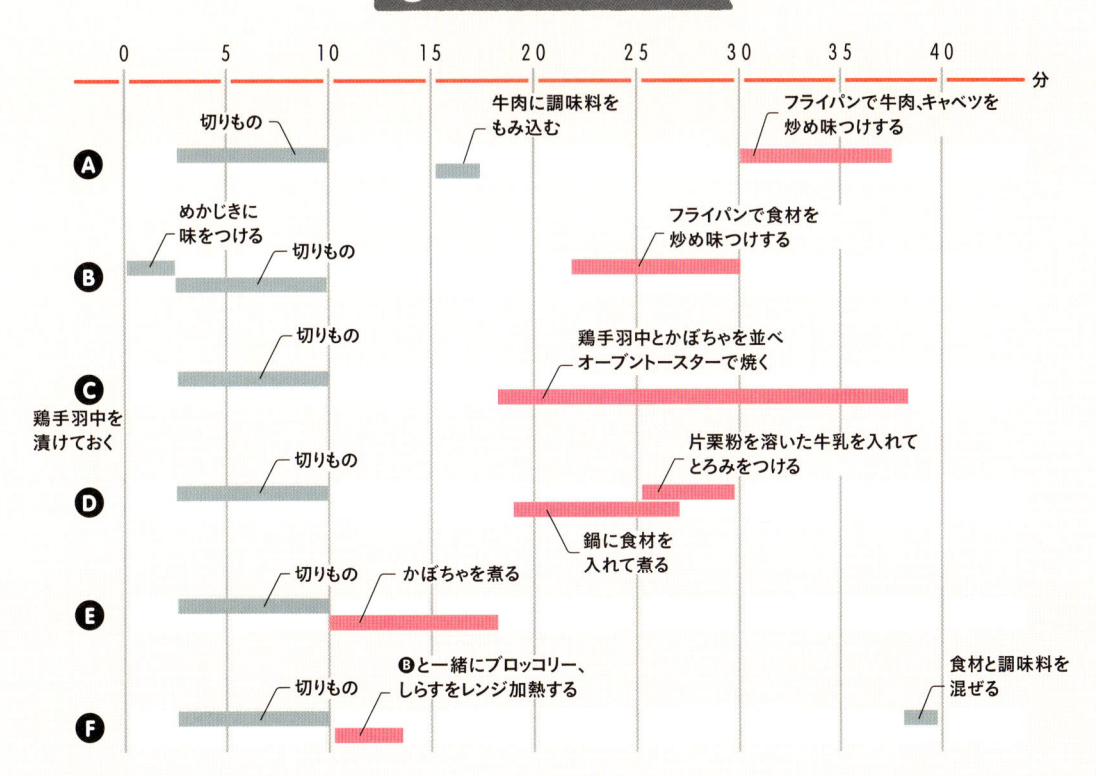

A　切りもの／牛肉に調味料をもみ込む／フライパンで牛肉、キャベツを炒め味つけする

B　めかじきに味をつける／切りもの／フライパンで食材を炒め味つけする

C　鶏手羽中を漬けておく／切りもの／鶏手羽中とかぼちゃを並べオーブントースターで焼く

D　切りもの／鍋に食材を入れて煮る／片栗粉を溶いた牛乳を入れてとろみをつける

E　切りもの／かぼちゃを煮る

F　切りもの／Bと一緒にブロッコリー、しらすをレンジ加熱する／食材と調味料を混ぜる

冷蔵 **3**日 保存期間 | 冷凍可 **14**日 | お弁当に

メイン🅐

▶ 牛肉とキャベツのケチャップ炒め

材料

(大人2人＋子ども1人✕1食分)

牛切り落とし肉 … 200g
🅐 酒 … 大さじ1
  にんにく(すりおろし)
    … 小さじ1/3
  塩、こしょう … 各少々
片栗粉 … 大さじ2
キャベツ … 150g
サラダ油 … 大さじ1
🅑 トマトケチャップ … 大さじ3
  しょうゆ … 小さじ2
  砂糖 … 小さじ1

作り方

1. ポリ袋に牛肉と🅐を入れてもみ込み、片栗粉を加えて肉をほぐしながら全体にまぶす。キャベツの葉は2cm大に切り、芯は薄切りにする。

2. 熱したフライパンにサラダ油をひき、牛肉を広げて中火で炒める。色が変わったらキャベツを加えて炒める。しんなりしたら、🅑を加えて全体にからめる。

Point

牛肉はポリ袋に入れて調味料をまぶせば、洗い物が少なくてすみます。

大人Arrange

タバスコやチリパウダーをプラスしても。

part 1

冷蔵	冷凍可	お弁当に
3日	14日	
保存期間	冷凍可	お弁当に

冷蔵	冷凍可	お弁当に
2日	14日	
保存期間	冷凍可	お弁当に

メインC

▶ 鶏手羽中と かぼちゃのロースト

材料 （大人2人＋子ども1人✕1食分）

鶏手羽中 … 300g	Ⓐ にんにく（すりおろし）
※鶏もも肉200g	… 小さじ1/3
でも可	しょうゆ、みりん … 各小さじ2
かぼちゃ … 120g	サラダ油 … 小さじ1
	塩 … 小さじ1/4
	こしょう … 少々

作り方

❶ ポリ袋に鶏手羽中とⒶを入れてもみ込み、空気を抜いて口を閉じ、冷蔵庫で20分ほど漬ける。かぼちゃは1cm厚さ×4cm長さに切る。

❷ アルミホイルにサラダ油適量（分量外）を塗り、汁をきった鶏手羽中を並べる。ポリ袋にかぼちゃを入れて残りのタレをからめ、まわりに並べる。オーブントースター（または190℃のオーブン）で20分ほど、肉にこげ目がつくまで焼く。

骨付き肉大好き！

メインB

▶ めかじきとブロッコリーの みそ炒め

材料 （大人2人＋子ども1人✕1食分）

めかじき（切り身）… 180g	サラダ油 … 大さじ1
Ⓐ 酒 … 大さじ1	Ⓑ みそ、みりん、水
にんにく（すりおろし）	… 各大さじ1
… 小さじ1/3	しょうゆ … 小さじ1
塩、こしょう … 各少々	片栗粉 … 小さじ1/2
ブロッコリー … 1/3個	
しめじ … 50g	

作り方

❶ めかじきはキッチンペーパーで水気をふき取り、1cm厚さ×4cm大のそぎ切りにし、Ⓐをまぶす。ブロッコリーは小房に分け、穂先は2cm大、茎はかたい部分を除いて短冊切りにし、耐熱容器に入れて水大さじ3（分量外）をかける。ラップをして電子レンジで2分ほど加熱して水気をきる。しめじは石づきを除き、半分の長さに切ってほぐす。

❷ 熱したフライパンにサラダ油をひき、めかじきを入れて中火で焼く。色づいたら裏返し、しめじを加えて炒める。しめじに火が通ったらブロッコリーを加えてざっと炒め、混ぜ合わせたⒷを加えてとろみがつくまで混ぜる。

> **Point**
>
> ブロッコリーはP49「ブロッコリーしらすコーンあえ」と一緒に電子レンジで加熱し、取り分けると効率的。

冷蔵
3日
保存期間

サブ Ⓓ

▶ キャベツとしめじのコーンスープ

材料

（大人2人＋子ども1人✕1食分）

キャベツ … 100g
しめじ … 50g
水 … 300ml
顆粒ブイヨンスープの素
　　 … 小さじ2
片栗粉 … 大さじ1
牛乳 … 200ml
ホールコーン（缶詰）… 1/2缶
塩 … 小さじ1/2

作り方

❶ キャベツの葉は2cm大に切り、芯は薄切りにする。しめじは石づきを除いて半分の長さに切ってほぐす。

❷ 鍋に水、顆粒ブイヨンスープの素を入れて沸かし、❶を入れ、火が通るまで中火で煮る。片栗粉を混ぜた牛乳とホールコーン（汁ごと）を加え、混ぜながら煮る。軽くとろみがついたら塩を加え混ぜる。

大人Arrange

塩をたしたり、こしょうをふっても。バターを加えるのもおすすめ。

48

part 1

冷蔵 **2**日 保存期間　冷凍可 **14**日　電子レンジ　お弁当に

冷蔵 **3**日 保存期間　冷凍可 **14**日　お弁当に

サブ F

▶ **ブロッコリー しらすコーンあえ**

材料 （大人2人＋子ども1人✕1食分）

ブロッコリー … 2/3個
しらす干し … 25g
ホールコーン（缶詰）
　　… 1/2缶

Ⓐ サラダ油 … 小さじ1
　しょうゆ … 小さじ1/2
　塩 … 小さじ1/4

作り方

❶ ブロッコリーは穂先は2cm大に、茎は短冊切りにし、耐熱容器に入れて水大さじ3（分量外）をかける。ラップをして電子レンジで2分ほど加熱する。しらすをブロッコリーの下に入れ、さらに1分ほど電子レンジで加熱し、水気をきって冷ます。

❷ 汁をきったホールコーンとⒶを入れて混ぜる。

> **Point**
> ブロッコリーはP47「めかじきとブロッコリーのみそ炒め」と一緒に電子レンジで加熱すると効率的。加熱時間はレシピ通りでOK。

サブ E

▶ **かぼちゃのおかか煮**

材料 （大人2人＋子ども1人✕1食分）

かぼちゃ … 180g
砂糖 … 大さじ1

しょうゆ … 小さじ1
かつお削り節 … ひとつまみ

作り方

❶ かぼちゃは2〜3cm大に切る。鍋にかぼちゃと浸る程度の水（分量外）、砂糖を入れ、竹串がすっと入るくらいまで中火で煮る。

❷ しょうゆを加えて混ぜ、かつお節をふり、弱火で2〜3分煮る。

> **Point**
> 保存するときは煮汁も一緒に入れて。少ない調味料でも味が染みて深みが出ます。

「何で食べてくれないの?」を解消!

子どもの食を促す ひと工夫

せっかく作っても食べてくれないこともありますよね。そんなときにおすすめの、子どもの食べる意欲を高めるアイデアを紹介します。

小さいおにぎりと肉や魚などのタンパク質、野菜を少量ずつ盛って。

アイデア 1

少なめに 盛りつけする

「食べられた!」という達成感を味わう経験は、子どもの食への意欲を高めるきっかけになります。いつもより少ない量を盛り、完食する喜びを積み重ねていきましょう。おかわりで量が調整できるとよいですね。

苦手なものをみじん切りなどにして、ハンバーグやミートボールなどにすると食べやすい。

アイデア 2

苦手なものは 刻んで入れる

栄養バランスを考えると、苦手な食材も食べてほしいもの。見た目などの工夫で食べられるようになるとよいですが、無理強いせずに苦手な食材は刻んで混ぜ込み、栄養不足を補いましょう。

パサつきがちな魚もとろみをつけてしっとりさせれば食べやすい。タレもからみやすく、口に運びやすいのも◎。

アイデア 3

とろみをつけて食べやすくする

パサパサしていたり、スプーンやフォークですくいにくかったりすると、食べる意欲が失せてしまいがち。とろみをつけると食感がよくなり、食べやすくなります。ホワイトソースや片栗粉などを加えるとよいでしょう。

> 少量のカレー粉で食欲増進

> 青のりで風味豊かに

アイデア 4

カレー粉やのりで風味をプラス

香りは食欲を促すのに効果的。特にカレー粉とのりは子どもも好きな味と香りです。カレー粉は風味づけ程度の少量なら1歳からOK。青のりは香りがよく、焼きのりに比べて上あごやのどに貼りつく心配がないので使いやすい食材です。

● 野菜の型抜き

にんじんや大根などをスライスしてゆで、抜き型で抜きます。料理の仕上げに1〜2枚のせるだけでも楽しい雰囲気になります。チーズやハム、薄焼き卵などでもできるので、カレーやサラダ、食パンの上に飾るのも◎。

型を使うときは滑らないように注意。食材はやわらかくゆでれば、さほど力を入れずに抜けるので、力の弱い子どもでもやりやすい。

● お弁当箱に入れてみる

いつもと違う雰囲気を演出するのも、食を楽しむきっかけになります。料理をお弁当箱に詰めれば、ピクニックのような気分に。豪華なテーブルコーディネートをしなくても、簡単に楽しい雰囲気を作れます。

丼メニューや焼きうどんなどの一品料理なら、詰めるのも楽ちん。フチのある容器に入れるとフォークやスプーンでもすくいやすく、食べやすさもアップ。

アイデア 5

盛りつけで楽しい雰囲気作り

子どもにとって料理の見た目は「食べたい！」という気持ちにつながる大切な要素。抜き型を使ってかわいい形にすれば、苦手な野菜も食べたくなるかもしれません。ゆでた野菜なら子どもでも楽に抜けるので、お手伝いとしても楽しめます。

● ピックをさす

お子さまランチのフラッグのように、ピックがささっているだけで子どものテンションは上がります。市販のものを用意しておいたり、マスキングテープでフラッグを手作りしてもよいでしょう。

マスキングテープでフラッグを手作り

テープを適度な長さに切り、真ん中に爪楊枝を置いてはさむようにテープ同士をくっつける。子どもが爪楊枝の先でケガをしないように注意して。

パパッと作れる！

メインおかずの作りおき

調理に時間がかかりがちなメインのおかずこそ
まとめて作れば調理の手間が省け、時短につながります。
パサパサしがちな肉や魚を、しっとりおいしく仕上げるアイデアも満載。
味つけのバリエーションも豊富なので、
子どもの好みの幅も広がるかも。

冷蔵 **3**日 保存期間 / ❄ **14**日 冷凍可 / お弁当に

▶ 鶏むねフライドチキン

材料

（大人 2 人＋子ども 1 人✖ 2 食分）

鶏むね肉（皮なし）… 2 枚
Ⓐ 牛乳、マヨネーズ … 各大さじ 1
｜塩、カレー粉 … 各小さじ 1/4
薄力粉 … 大さじ 4
サラダ油 … 適量

作り方

1. 鶏肉は 1.5cm 厚さのそぎ切りにし、さらに 2cm 幅の棒状に切る。ポリ袋に入れてⒶをもみ込む。薄力粉を入れた別のポリ袋に肉の半量を移し、ポリ袋をふるように混ぜて全体に粉をまぶす。

2. フライパンに深さ 5mm ほどのサラダ油を熱し、肉を並べてきつね色になるまで返しながら揚げ焼きにする。キッチンペーパーにのせて油をきる。残りの肉も同様に粉をまぶし（粉がたりなければ適宜たす）揚げ焼きにする。

Point

油は菜箸の先から細かい泡が出るくらいの温度に。油が減ってきたら適宜たしましょう。

part 2

冷蔵	冷凍可	お弁当に
3日	**14日**	
保存期間	冷凍可	お弁当に

▶ 鶏ももとれんこんの照り焼き

材料 （大人2人＋子ども1人✖2食分）

鶏もも肉（から揚げ用カット）
… 400g
Ⓐ しょうゆ、みりん … 各大さじ2
　砂糖、片栗粉 … 各小さじ1
　しょうが汁 … 小さじ1/2
　こしょう … 少々

れんこん … 150g
サラダ油 … 大さじ1
水 … 大さじ3

作り方

❶ ポリ袋に鶏肉、Ⓐを入れてもみ込み、冷蔵庫で20分ほど漬ける。

❷ れんこんを3mm厚さのいちょう切りにし、❶に加えて混ぜる。

❸ 熱したフライパンにサラダ油をひき、鶏肉とれんこんを広げ、ふたをして焼く。ときどき返し、両面に軽くこげ目がついたら水をかけ、つやが出るまで混ぜながら焼く。

▶ 鶏ささみのチーズソテー

材料 （大人2人＋子ども1人✖2食分）

鶏ささみ … 400g
Ⓐ 米粉（または薄力粉）、
　　粉チーズ … 各大さじ2
　青のり … 小さじ2
　塩 … 小さじ1/2

サラダ油 … 適量

作り方

❶ ささみは筋があれば除き、5等分にそぎ切りにする。ポリ袋に入れてⒶをまぶす。

❷ フライパンに深さ5mmほどのサラダ油を熱し、肉を並べて軽く色づくまで返しながら揚げ焼きにする。キッチンペーパーにのせて油をきる。

大人Arrange
こしょうをふったり、レモンを搾ったりしても。

冷蔵	冷凍可	お弁当に
3日	**14日**	
保存期間	冷凍可	お弁当に

冷蔵 **3日** 保存期間
❄ **14日** 冷凍可
お弁当に

▶ チンジャオロース

材料

(大人 2 人＋子ども 1 人✖2 食分)

豚ロース薄切り肉 … 350g
Ⓐ 酒、しょうゆ、片栗粉
　　… 各大さじ 1
　にんにく（すりおろし）、しょうが
　（すりおろし）… 各小さじ 1/2
　こしょう … 少々
ピーマン … 4 個
赤パプリカ … 1/2 個
玉ねぎ … 1/2 個
ごま油 … 大さじ 1
Ⓑ 水 … 100ml
　しょうゆ … 小さじ 2
　片栗粉 … 小さじ 1

作り方

❶ 豚肉は 1cm 幅に切り、ポリ袋に入れてⒶをもみ込む。種とヘタを除いたピーマンとパプリカ、玉ねぎは長さ半分の細切りにする。

❷ 熱したフライパンにごま油をひき、❶の肉を入れてほぐしながら中火で炒める。半分ほど色が変わったら❶の野菜を加え、全体に火が通ったら混ぜ合わせたⒷを入れて、とろみがつくまで混ぜながら炒める。

大人Arrange
オイスターソースを加えるのがおすすめ。

part 2

冷蔵 3日	❄ 14日	🍱
保存期間	冷凍可	お弁当に

冷蔵 3日	❄ 14日	🍱
保存期間	冷凍可	お弁当に

▶ ポークビーンズ

材料 （大人2人＋子ども1人✕2食分）

豚ヒレ肉 … 300g	大豆の水煮（缶詰）
※他の豚薄切り肉でも可	… 100g
塩、こしょう … 各少々	水 … 200ml
じゃがいも … 1個	Ⓐ トマトケチャップ
玉ねぎ … 1個	… 大さじ3
にんじん … 1/2本	中濃ソース … 大さじ1
にんにく … 1/2片	薄力粉 … 大さじ2
オリーブオイル … 大さじ1	水 … 大さじ4
	バター … 5g

作り方

❶ 豚肉は1.5cm角に切り、塩、こしょうをまぶす。じゃがいもは1cm角に切り、水洗いして水気をきる。玉ねぎ、にんじんは1cm角に、にんにくはみじん切りにする。

❷ 鍋にオリーブオイルとにんにくを入れて熱し、香りが立ってきたら玉ねぎ、にんじんを入れて中火で炒める。つやが出てきたら豚肉を加えて炒める。薄く焼き色がついたら水気をきったじゃがいも、大豆、水を入れて火が通るまで煮る。混ぜ合わせたⒶ、バターを加え、とろみがつくまで混ぜながら煮る。

▶ ポークピカタ

材料 （大人2人＋子ども1人✕2食分）

豚もも薄切り肉 … 300g	薄力粉、サラダ油 … 各適量
塩 … 小さじ1/4	卵 … 2個
こしょう … 少々	

作り方

❶ 豚肉を3つ折りにし、塩、こしょうをふり、薄力粉を茶こしでふるって両面にまぶす。

❷ 溶いた卵に塩少々（分量外）を混ぜ、❶をからめる。

❸ 熱したフライパンにサラダ油をひいて❷を並べ、残った卵液もかけて中火で焼く。焼き色がついたら裏返し、ふたをして火が通るまで焼く。ふたを取り、余分な水分を飛ばす。
※食べる際にケチャップをかけてもOK。

1歳半〜2歳 Arrange

小さい子にはキッチンばさみで食べやすい大きさに切ってあげましょう。

冷蔵
3日

保存期間　お弁当に

▶ 牛肉じゃが煮

（大人2人＋子ども1人✖2食分）

牛切り落とし肉 … 250g
じゃがいも（メークイン） … 3個
玉ねぎ … 1個
にんじん … 2/3本
枝豆（ゆでてさやから出したもの・
　冷凍可） … 大さじ3
サラダ油 … 大さじ1
だし汁 … 200ml
Ⓐ しょうゆ … 大さじ1と1/2
　 みりん … 大さじ2
　 砂糖 … 大さじ1/2

作り方

❶ じゃがいもは2.5cm大の乱切りにし水にさらす。玉ねぎは半分の長さにして1cm幅に切る。にんじんは5mm厚さのいちょう切り（または半月切り）にする。

❷ 熱した鍋にサラダ油をひき、玉ねぎ、にんじんを入れて中火で炒める。つやが出てきたら牛肉を入れてほぐしながら炒める。肉の色が変わったら水気をきったじゃがいも、だし汁を入れて煮る。表面に浮いてきたアクをすくい、Ⓐを加え、キッチンペーパーで落としぶたをし、ふたをして弱〜中火で10分ほど煮る。じゃがいもに火が通ったら枝豆を加えて混ぜる。

part 2

冷蔵 **3**日　保存期間
❄ **14**日　冷凍可
お弁当に

▶ 牛ごぼうえのき煮

材料 （大人2人＋子ども1人✕2食分）

牛切り落とし肉 … 300g	水（またはだし汁）… 150ml
ごぼう … 60g	Ⓐ しょうゆ … 大さじ1と1/2
玉ねぎ … 1個	みりん … 大さじ2
えのきだけ … 60g	砂糖 … 大さじ1
小ねぎ … 1本	しょうが汁 … 小さじ1/2
ごま油 … 大さじ1	

作り方

1 ごぼうはピーラーでそいで2cm長さに切り、さっと水洗いして水気をきる。玉ねぎは縦4つ割りにし、横向きにして繊維を断つように1cm幅に切る。えのきは石づきを除いて2cm長さに、小ねぎは小口切りにする。

2 熱したフライパンにごま油をひき、ごぼうと玉ねぎを入れて中火で炒める。つやが出てきたら牛肉を入れてほぐしながら炒める。肉の色が変わったらえのき、水を加えて煮る。アクをすくい、Ⓐを加えてごぼうがやわらかくなるまで5分ほど煮て、小ねぎを混ぜる。

▶ 牛肉とミニトマトの　みそ炒め

材料 （大人2人＋子ども1人✕2食分）

牛切り落とし肉 … 300g	Ⓐ 水（またはだし汁）… 100ml
酒 … 大さじ1	みそ、しょうゆ … 各大さじ1
ミニトマト … 7個	片栗粉 … 小さじ2
長ねぎ … 1/2本	砂糖 … 小さじ1
まいたけ … 1パック（100g）	こしょう … 少々
サラダ油 … 大さじ1	

作り方

1 牛肉に酒をまぶす。ミニトマトは半分に切り、長ねぎは粗みじん切りにし、まいたけは細かくほぐす。

2 熱したフライパンにサラダ油をひき、牛肉を入れてほぐしながら中火で炒める。肉の色が変わったら長ねぎ、まいたけを加え、混ぜ合わせたⒶを加えてとろみがつくまで混ぜ、ミニトマトを加えてざっと炒め合わせる。

冷蔵 **3**日　保存期間
❄ **14**日　冷凍可
お弁当に

冷蔵 **3**日 保存期間 / ❄ **14**日 冷凍可 / 🍱 お弁当に

▶ 野菜入り棒つくね

材料

（大人2人＋子ども1人✕2食分）

鶏ひき肉（ももまたはむね）… 300g
にんじん … 60g
グリーンアスパラガス … 60g
Ⓐ ひじきの水煮（缶詰）… 100g
　卵 … 1個
　パン粉 … 大さじ4
　塩 … 小さじ1/4
　こしょう … 少々
サラダ油 … 適量
Ⓑ 水 … 100ml
　めんつゆ（3倍濃縮）… 大さじ2
　片栗粉 … 小さじ1

作り方

❶ にんじんは7mm角×5cm長さに切る。アスパラはピーラーで根元のかたい部分の皮を薄くむき、5cm長さに切る（太いものは縦半分に切る）。鍋ににんじんとたっぷりの水（分量外）を入れてゆで、煮立ったらアスパラを加え、火が通るまでゆでて水気をきり、冷ます。

❷ ポリ袋にひき肉とⒶを入れてよく混ぜる。

❸ ❷のポリ袋の口を閉じて片端を2cm幅に切り、サラダ油をひいたフライパンに肉ダネを5cm長さほど絞り出す。にんじんとアスパラをのせて中火で焼く。色づいたら裏返し、フライ返しなどで軽く押さえてからふたをし、火が通るまで焼く。

※一度に入らない生地は2度に分けて焼く。

❹ フライパンの汚れをふき取り、混ぜ合わせたⒷを加え、とろみがつくまで全体にからめながら煮る。

冷蔵 3日	❄ 14日	🍱
保存期間	冷凍可	お弁当に

冷蔵 3日	❄ 14日	🍱
保存期間	冷凍可	お弁当に

▶ れんこんとにんじん入り 松風焼き

材料 （大人2人＋子ども1人✕2食分）

鶏ひき肉（ももまたはむね） … 300g	Ⓐ パン粉 … 大さじ4
干ししいたけ（スライス）… 5g	片栗粉 … 大さじ2
水 … 50ml	みそ … 小さじ2
れんこん … 150g	塩 … 小さじ1/4
にんじん（すりおろし）… 100g	こしょう … 少々
	白いりごま … 大さじ2

作り方

❶ 干ししいたけを水に浸して戻す（戻し汁も残しておく）。れんこんは100g分すりおろし、残りは干ししいたけと一緒にみじん切りにする。

❷ ポリ袋に❶（戻し汁も）、ひき肉、にんじん、Ⓐを入れてよくこねる。

❸ 耐熱容器（15×20cmほど）にサラダ油少々（分量外）を薄く塗って❷を厚さ2cmほどに広げ、ごまを全体にふる。オーブントースター（または190℃のオーブン）で火が通るまで20分ほど焼く。

※こげそうになったら、上にアルミホイルをのせる。

❹ 粗熱が取れたら食べやすい大きさに切り分ける。

▶ おからと野菜入り チキンナゲット

材料 （約24個分）

鶏ひき肉（もも）… 300g	片栗粉 … 大さじ2
おからパウダー … 大さじ4	塩、カレー粉
プレーンヨーグルト … 大さじ6	… 各小さじ1/2
玉ねぎ（すりおろし）、	サラダ油 … 適量
にんじん（すりおろし）… 各80g	

作り方

❶ ポリ袋にサラダ油以外の材料をすべて入れ、よく混ぜる。バットにラップを敷いて、おからパウダー適量（分量外）を薄く広げる。

❷ ❶のポリ袋の口を閉じて片端を3cm幅に切り、❶のバットの上に肉ダネを直径3cm大に絞り出す。おからパウダーをまぶしながら1cm厚の小判形にととのえる。

❸ フライパンに深さ5mmほどのサラダ油を熱し、❷を並べて両面きつね色になるまで揚げ焼きにする。キッチンペーパーにのせて油をきる。

冷蔵 3日	14日	
保存期間	冷凍可	お弁当に

▶ 麸とパプリカ入りハンバーグ 照り焼きソース

Point

肉ダネを丸めるときはポリエチレン手袋をするか手に油を塗ると作業しやすいです。

材料

（大人2人＋子ども1人✕2食分）

牛豚合いびき肉（または豚ひき肉）
　… 300g
パプリカ（赤・黄）… 各50g
玉ねぎ … 1/2個
焼き麸 … 10g
塩 … 小さじ1/4
こしょう … 少々
サラダ油 … 適量
Ⓐ 水 … 100ml
　めんつゆ（3倍濃縮）
　　… 大さじ2と1/2
　片栗粉 … 小さじ1と1/2

作り方

❶ パプリカと玉ねぎはみじん切りにし、耐熱容器に入れて水大さじ2（分量外）をかけ、ふんわりラップをして電子レンジで2分ほど加熱しそのまま冷ます。

❷ 麸をすりおろしてポリ袋に入れ、ひき肉、❶（煮汁ごと）、塩、こしょうを入れてよく混ぜる。

❸ ❷のポリ袋の口を閉じて片端を3cm幅に切り、ラップの上に直径3cm大ほどに肉ダネを絞り出し3×4cm大のだ円形にととのえる。

❹ 熱したフライパンにサラダ油をひき、❸を並べて中火で焼く。焼き色がついたら裏返してふたをし、火が通るまで焼く。

※一度に入らない生地は2度に分けて焼く。

❺ キッチンペーパーでフライパンの汚れを軽くふき取り、混ぜ合わせたⒶを入れてとろみがつくまで全体にからめながら煮る。

part 2

冷蔵 **3**日　保存期間
❄ **14**日　冷凍可
お弁当に

▶ もやし入り豚肉団子の 甘酢あんかけ

材料（大人2人＋子ども1人✖2食分）

豚ひき肉 … 300g	Ⓑ 水 … 150ml
もやし … 100g	しょうゆ、砂糖
しめじ … 50g	… 各大さじ1と1/2
Ⓐ 片栗粉 … 大さじ4	片栗粉 … 大さじ1
水 … 大さじ2	酢 … 大さじ1/2
塩 … 小さじ1/4	顆粒鶏ガラスープの素
こしょう … 少々	… 小さじ1
サラダ油 … 適量	

作り方

❶ しめじは石づきを除き、もやしと一緒にみじん切りにして ポリ袋に入れる。ひき肉、Ⓐを加えてよく混ぜる。

❷ ❶のポリ袋の口を閉じて片端を2.5cm幅に切り、肉ダ ネを直径2.5cm大ほどに絞り出して丸め、サラダ油を ひいたフライパンに並べる。中火にかけ、転がしながら 薄くこげ目がつくまで焼く。

❸ 混ぜ合わせたⒷを入れ、とろみがつくまで煮る。

▶ ミートボールの トマト煮込み

材料（大人2人＋子ども1人✖2食分）

牛豚合いびき肉	Ⓑ カットトマト（缶詰）
（または豚ひき肉）… 300g	… 400g
米 … 50ml	水 … 200ml
玉ねぎ … 1/2個	砂糖、オリーブオイル
ピーマン … 1個	… 各小さじ2
Ⓐ 牛乳 … 大さじ2	顆粒ブイヨンスープの素
片栗粉 … 大さじ1	… 小さじ1
塩 … 小さじ1/4	しょうゆ … 小さじ1/2
こしょう … 少々	塩 … 小さじ1/4

作り方

❶ 米は洗ってたっぷりの水に20分ほど浸す。玉ねぎ、種と ヘタを除いたピーマンはみじん切りにしてポリ袋に入れ、 ひき肉、水気をきった米、Ⓐを加えてよく混ぜる。

❷ フライパンにⒷを混ぜて煮立てる。❶のポリ袋の口を閉 じて片端を2.5cm幅に切り、肉ダネを直径2.5cm大 ほどに絞り出して丸め、フライパンに入れる。ふたをし、 途中へらでやさしく上下を返し、中火で20分ほど煮る。

冷蔵 **3**日　保存期間
❄ **14**日　冷凍可
お弁当に

冷蔵 **2日** 保存期間　お弁当に

冷蔵 **2日**／**14日** 冷凍可　お弁当に

▶ ひき肉のポテトグラタン

材料 （大人2人＋子ども1人✕2食分）

「ひき肉と野菜のオムレツ」
　のひき肉そぼろ … 全量
じゃがいも … 2個
Ⓐ 牛乳 … 50ml
　｜ バター … 5g
　｜ 塩 … 少々

シュレッドチーズ … 適量

作り方

① じゃがいもはいちょう切りにして水洗いし、水気をきって耐熱ボウルに入れる。水大さじ3（分量外）をかけてラップをし、電子レンジで6分ほど加熱してマッシャーでつぶす。Ⓐを混ぜてラップをせずに電子レンジで2分ほど加熱し、なめらかになるまで混ぜる。

② ひき肉そぼろを耐熱容器（15×20cmほど）に広げ、①を重ね、チーズを散らす。オーブントースター（または190℃のオーブン）でチーズが溶けて軽くこげ目がつくまで焼く。

▶ ひき肉と野菜のオムレツ

材料 （大人2人＋子ども1人✕2食分）

[ひき肉そぼろ]
牛豚合いびき肉 … 200g
玉ねぎ … 1/2個
サラダ油 … 小さじ2
冷凍ミックスベジタブル
　… 100g
片栗粉 … 大さじ2

Ⓐ 酒、しょうゆ、水
　　… 各大さじ1
　　塩、こしょう … 各少々

卵 … 4個
牛乳 … 大さじ2
塩 … 小さじ1/4

作り方

① ひき肉そぼろを作る。玉ねぎはみじん切りにし、サラダ油を熱したフライパンに入れて中火で炒める。つやが出たらひき肉を加えてほぐしながら炒める。肉の色が変わったらミックスベジタブル（冷凍のまま）を加えて火が通るまで炒める。片栗粉を全体にふりかけて混ぜ、Ⓐを加えて炒める。冷ましておく。

② ボウルに卵、牛乳、塩を入れて混ぜる。①を加えて混ぜ、サラダ油少々（分量外）を塗った耐熱容器（15×20cmほど）に流し入れ、オーブントースター（または190℃のオーブン）で卵が固まるまで15分ほど焼く。

part 2

冷蔵 3日 保存期間　**電子レンジ**　**お弁当に**

冷蔵 3日 保存期間　**14日 冷凍可**　**お弁当に**

▶ キャベツの重ね蒸し

材料 （大人2人＋子ども1人×2食分）

「スコップメンチ」のひき肉ベース … 全量
キャベツ … 250g

作り方

キャベツは2cm大に切り（芯は薄切りに）、耐熱容器（5cm深さ×20cm角ほど）に半量を広げ、ひき肉ベースを広げて平らにする。残りのキャベツを広げ、ラップをして電子レンジで10分ほど加熱する。

おすすめ Arrange

食べる際はケチャップ少量をかけてもよいでしょう。

大人 Arrange

こしょうや粉チーズをふったり、ミックスハーブで香りを加えても。

▶ スコップメンチ

材料 （大人2人＋子ども1人×2食分）

【ひき肉ベース】
牛豚合いびき肉 … 300g
玉ねぎ … 1/2個
えのきだけ … 80g
Ⓐ 卵 … 1個
　パン粉 … 大さじ3
　牛乳 … 大さじ2
　トマトケチャップ … 大さじ1

塩 … 小さじ1/4
こしょう … 少々

オリーブオイル … 大さじ2
パン粉 … 150ml

作り方

1. ひき肉ベースを作る。玉ねぎはみじん切りにして耐熱容器に入れ、水大さじ1（分量外）をかけてラップをする。電子レンジで2分ほど加熱し、水気をきって冷ます。えのきは石づきを除いてみじん切りにし、玉ねぎと一緒にポリ袋に入れ、ひき肉、Ⓐを加えてよくこねる。

2. 耐熱容器（4cm深さ、15×20cmほど）に敷き詰め、オリーブオイルを混ぜたパン粉を全体に広げる。オーブントースター（または190℃のオーブン）で、透明な肉汁が出て生地が縮んでしっかり火が通るまで15分ほど焼く。

※パン粉がこげないように途中でアルミホイルをかける。

冷蔵 **2**日 / 保存期間
❄ **14**日 / 冷凍可
お弁当に

▶ さんまのかば焼き

材料

(大人2人＋子ども1人✕2食分)

さんま（3枚おろし）
　… 5尾分（約350g）
Ⓐ 酒 … 大さじ1
　 しょうが汁 … 小さじ1
片栗粉、サラダ油 … 各適量
Ⓑ 水 … 100ml
　 しょうゆ、みりん … 各大さじ2
　 砂糖 … 小さじ2
　 片栗粉 … 小さじ1と1/2

作り方

❶ さんまはキッチンペーパーで水気をふき取り、小骨を除いて3等分に切る。Ⓐをなじませ、片栗粉を茶こしでふって両面にまぶす。

❷ 熱したフライパンにサラダ油をひき、❶を並べ、両面が薄く色づくまで焼く。キッチンペーパーで余分な脂や汚れをふき取り、混ぜ合わせたⒷを加えて全体にからめながら煮る。

Point

●小骨はV字に骨の左右に包丁を入れて切り取りましょう。小骨は食べられるのでそのままでもいいですが、除くと小さい子も食べやすくなります。

●魚料理は水気をしっかり取り、酒、しょうが汁などで臭みを消しましょう。油で調理すると、苦みがやわらぎます。

part 2

▶ 鮭のほうれん草コーンパン粉焼き

材料（大人2人＋子ども1人✕2食分）

生鮭（切り身）… 4切れ	マヨネーズ … 大さじ4
塩、こしょう … 各少々	牛乳 … 大さじ2
ほうれん草（ゆでたもの）… 60g	パン粉 … 適量
ホールコーン（缶詰）… 100g	

作り方

1 生鮭はキッチンペーパーで水気をふき取り、皮、骨を除いて1.5cm厚さ×5cm大のそぎ切りにし、塩、こしょうをふる。

2 ほうれん草はみじん切りにして水気を絞り、ボウルに入れてホールコーン、マヨネーズ、牛乳を加えて混ぜる。

3 サラダ油（分量外）を塗った耐熱容器（15×20cmほど／またはアルミホイル）に❶を並べ、❷をかけ、パン粉をふってオーブントースター（または190℃のオーブン）で火が通るまで15分ほど焼く。

※途中、パン粉がこげそうになったらアルミホイルをかける。

▶ ぶりのごまねぎみそ焼き

材料（大人2人＋子ども1人✕2食分）

ぶり（切り身）… 4切れ	白すりごま
長ねぎ … 1/2本	… 大さじ2
みそ、みりん … 各大さじ1と1/2	

作り方

1 ぶりはキッチンペーパーで水気をふき取り、骨を除いて1cm厚さで2×4cm大のそぎ切りにする。長ねぎは小口切りにする。

2 ごま油（分量外）を塗った耐熱容器（15×20cmほど／またはアルミホイル）に❶のぶりを並べ、混ぜたみそとみりんをかけて全体にまぶす。長ねぎを広げ、ごまをふり、オーブントースター（または190℃のオーブン）で15分ほど焼く。

※途中、ごまがこげそうになったらアルミホイルをかける。

冷蔵 3日	❄ 14日		冷蔵 3日	❄ 14日	🍱
保存期間	冷凍可		保存期間	冷凍可	お弁当に

▶ さわらとトマトの めんつゆマリネ

材料 （大人2人＋子ども1人×2食分）

さわら（切り身）… 4切れ
トマト … 1個
長ねぎ … 1/2本
Ⓐ 酒 … 大さじ1
　 塩、こしょう … 各少々
片栗粉、サラダ油
　 … 各適量

Ⓑ 水 … 200ml
　 めんつゆ（3倍濃縮）、酢、
　 砂糖 … 各小さじ1
　 塩 … 小さじ1/4

作り方

❶ トマトは1cm角に切り、長ねぎは縦半分に切り、斜め細切りにする。

❷ さわらはキッチンペーパーで水気をふき取り、骨を除き、1cm厚さのそぎ切りにする。Ⓐをなじませ、片栗粉をまぶす。

❸ フライパンに深さ5mmほどのサラダ油を熱し、さわらを並べ、両面がこんがりと色づくまで揚げ焼きにする。キッチンペーパーで余分な油をふき取り、長ねぎを入れてさっと炒める。混ぜ合わせたⒷをかけて火を止め、トマトを散らす。

▶ めかじきの いそべ揚げ

材料 （大人2人＋子ども1人×2食分）

めかじき（切り身）… 4切れ
Ⓐ 米粉（または薄力粉）… 60g
　 水 … 大さじ4
　 ベーキングパウダー … 小さじ1
　 塩 … 小さじ1/4
　 青のり … 大さじ2

サラダ油 … 適量

作り方

❶ めかじきはキッチンペーパーで水気をふき取り、1cm厚さのそぎ切りにする。

❷ ボウルにⒶを混ぜてどろっとした衣を作る。

❸ フライパンに深さ5mmほどのサラダ油を熱し、❷の衣をまぶしためかじきを並べ、返しながら衣がかりっとするまで揚げ焼きにする。キッチンペーパーにのせて油をきる。

part 2

冷蔵 **2**日　❄ **14**日　🍔
保存期間　冷凍可　お弁当に

冷蔵 **2**日　❄ **14**日　🍔
保存期間　冷凍可　お弁当に

▶ さばの竜田揚げ

材料（大人2人＋子ども1人×2食分）

さば（3枚おろし）… 2尾分	片栗粉、サラダ油
Ⓐ みりん … 大さじ2	… 各適量
しょうゆ … 大さじ1	
しょうが汁 … 小さじ1	
塩、こしょう … 各少々	

作り方

❶ さばはキッチンペーパーで水気をふき取り、骨を除いて1cm厚さのそぎ切りにする。ポリ袋に入れ、Ⓐを加えて混ぜ、冷蔵庫で30分ほど漬ける。

❷ 片栗粉を別のポリ袋に入れ、❶の1/2量を汁を軽くきって入れ、全体に片栗粉をまぶして取り出す。残りも同様にまぶす。

❸ フライパンに深さ5mmほどのサラダ油を熱し、❷を並べ、返しながらこんがりと色づくまで揚げ焼きにする。キッチンペーパーにのせて油をきる。

▶ 鮭缶豆腐ハンバーグ

材料（大人2人＋子ども1人×2食分）

鮭の水煮（缶詰）… 180g	Ⓐ 薄力粉 … 大さじ3
玉ねぎ … 1/2個	塩 … 小さじ1/4
木綿豆腐 … 1/2丁（150g）	こしょう … 少々
	サラダ油 … 適量
	スライスチーズ … 3枚

作り方

❶ 玉ねぎはみじん切りにして耐熱容器に入れ、豆腐をのせてラップをする。電子レンジで2分30秒ほど加熱し、水気をきって冷ます。

❷ ポリ袋に汁をきった鮭、❶、Ⓐを入れて鮭を崩しながらよく混ぜる。口を閉じて片端を5cm幅に切り、12等分に絞り出し、直径5cm大の円形にととのえる。

❸ 熱したフライパンにサラダ油をひき、❷を並べて中火で焼く。焼き色がついたら裏返し、4等分にちぎったスライスチーズをのせ、ふたをしてチーズが溶けるまで焼く。

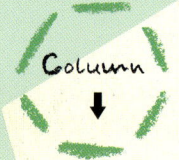

もう1品ほしいときに！
納豆バリエーション

納豆は加熱せずに食べられる上に栄養価も高い、忙しいママやパパの救世主！ そんな納豆を簡単アレンジ。味のバリエーションが広がれば、子どもの食べる意欲も高まるかも!?

▶ しらす干し＋赤しそふりかけ

材料・作り方 （子ども1人分）

納豆1パックと添付のたれ1袋（またはしょうゆ少々）を混ぜて器に盛り、しらす干し大さじ1をのせ、赤しそふりかけ少々をかける。

▶ かつお節＋ほうれん草

材料・作り方 （子ども1人分）

納豆1パックと添付のたれ1袋（またはしょうゆ少々）を混ぜて器に盛り、ゆでてみじん切りにしたほうれん草（冷凍を電子レンジ加熱しても○K）、かつお削り節適量をのせる。

▶ 焼きのり＋なめたけ

材料・作り方 （子ども1人分）

納豆1パックを混ぜて器に盛り、なめたけ（瓶詰）小さじ2、細かくちぎった焼きのり適量をのせる。

▶ わかめふりかけ ✚ チーズ

材料・作り方 （子ども1人分）

納豆1パックを混ぜて器に盛り、わかめふりかけ（ソフトタイプ）小さじ1をのせ、半分に折り重ねて1cm角に切ったスライスチーズ1/2枚を散らす。

番外編

▶ 納豆チーズせんべい

材料・作り方 （子ども1人分）

フライパンにシュレッドチーズ1/2カップを直径5cm大ほどずつ5ヵ所に丸く広げて中火にかけ、納豆1パックを5等分してのせる。チーズの周囲が色づいて固まったら裏返し、軽く押し付け、全体がカリッとするまで焼く。

▶ 青のり ✚ すりごま ✚ マヨネーズ

材料・作り方 （子ども1人分）

納豆1パックを混ぜて器に盛り、マヨネーズ適量をかけ、青のり、白すりごま各少々をふる。

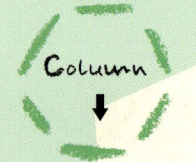

リアルママがごはん作りのコツを伝授

働くママの タイムスケジュール

共働きの家庭はごはん作りの時間も限られているので、時間のやりくりに困っているという声も。上手に時間を使っている2人の働くママに、平日のごはん作りを乗り切るコツを教えてもらいました。

19:00 帰宅のママ　Bさん

スキマ時間で調理し作りおきをフル活用

平日の帰宅後はどれだけ早くごはんを食べさせて寝かせるかを考えているというBさん。「温めるだけでいい作りおきおかずを週末やスキマ時間に作っています。平日はまとまった時間を確保するのが難しいので、スキマ時間に食材を切りためておくなど、小分けに作業するのがコツです」。

17:00 帰宅のママ　Aさん

サブおかずを作りおきし平日はメインだけ調理

時短勤務のAさんは、サブおかずだけ週末や平日の空き時間に作りおき。「平日はメインを作り、合間に作りおきおかずを盛りつけ。すべてを一から作る時間はありませんが、"メインだけ"と決めておけば気楽です。朝のうちに夕食メニューを決めておけば、効率よく準備ができます」。

Bさんの1日

6:00	起床・朝食作り
7:00	子ども起床
8:00	保育園へ
9:00	出社
〜	
18:00	退社・保育園へ
19:00	帰宅
19:10	★ごはん作り 作りおきおかずを温め、 手が空いていれば野菜などを切る
19:30	夕食
20:00	お風呂、家事、子どもと遊ぶ
21:00	子どもを寝かしつける、家事や仕事、 自分のことをする
23:00	就寝

Aさんの1日

6:30	起床・朝食作り・夕食を決める
7:30	子ども起床
8:30	保育園へ
9:00	出社
〜	
16:00	退社・保育園へ
17:00	帰宅
17:10	★ごはん作り 作りおきしていたサブおかずを盛り、 メインおかずを作る
17:30	夕食
18:00	お風呂、家事、子どもと遊ぶ
21:00	子どもを寝かしつける、家事や仕事、 自分のことをする
23:00	就寝

part

3

子どもがパクパク食べる！

サブおかずの
作りおき

野菜を使ったサブおかずは、食べやすいように
味つけや調理方法を工夫して、
子どもの食べる意欲をアップさせて。
スキマ時間に野菜を切りためておくなど、
先取り調理を組み合わせて、効率よく作りおきしましょう。

冷蔵 **3日** 保存期間　❄ **14日** 冷凍可　お弁当に

▶ にんじんとごぼうのきんぴら

材料

（大人2人＋子ども1人×2食分）

にんじん … 2/3本
ごぼう … 1本
ごま油 … 小さじ2
Ⓐ だし汁 … 100ml
　しょうゆ … 小さじ2
　砂糖 … 小さじ1
白いりごま … 小さじ1

作り方

❶ にんじんは斜めに3mm厚さに切ってから、3mm幅に切る。ごぼうは皮をこすり洗いするか包丁の背で軽くこそげ取り、2〜3cm長さの斜め薄切りにしてからせん切りにする。さっと水洗いして色止めし、水気をきる。

❷ 熱した鍋にごま油をひき、ごぼうを入れて中火で炒める。つやが出てきたらにんじんを加えて炒め、Ⓐを加えて混ぜ、ふたをして煮る。ごぼうがやわらかくなったらふたを取り、強火にして混ぜながら煮汁が少し残る程度まで煮る。ごまをふる。

Point

● ごぼうはかたいので、斜め薄切りにして繊維を断ち、細めに切ります。ごぼうを先に炒め、にんじんと火の通りをそろえましょう。

● 煮汁を少し残すことで、翌日以降もしっとりしておいしさが続きます。

part 3

冷蔵	冷凍	お弁当に
3日	**14日**	
保存期間	冷凍可	お弁当に

▶ ツナ入りにんじん しりしり

材料（大人2人＋子ども1人✕2食分）

にんじん … 1本	卵 … 1個
サラダ油 … 小さじ2	しょうゆ … 小さじ1/2
ツナ（ノンオイル・缶詰）… 70g	塩 … 小さじ1/4
水 … 100ml	青のり … 小さじ1/2

作り方

❶ にんじんは3cm長さのせん切りにする。

❷ 熱したフライパンにサラダ油をひき、❶を入れて中火で炒める。つやが出てきたらツナを汁ごと加えて混ぜ、水を加えて中火で煮る。にんじんがやわらかくなり煮汁がほぼなくなったら溶いた卵を回し入れ、しょうゆ、塩を加え、混ぜながら炒める。卵が固まったら青のりをふり、混ぜる。

▶ にんじん大根じゃこ煮

材料（大人2人＋子ども1人✕2食分）

にんじん … 2/3本	水 … 300ml
大根 … 150g	しょうゆ … 小さじ1
ちりめんじゃこ … 15g	

作り方

❶ にんじん、大根は1cm角✕4〜5cm長さの棒状に切る。

❷ 鍋に❶、ちりめんじゃこ、水を入れてふたをし、中火で10分ほど煮る。食材がやわらかくなったらしょうゆを加えて混ぜ、ひと煮立ちさせる。

Point

保存するときは煮汁に浸して冷蔵庫へ。味が染み込みやすくなります。

冷蔵	冷凍	お弁当に
3日	**14日**	
保存期間	冷凍可	お弁当に

冷蔵 **2日**
保存期間　電子レンジ　お弁当に

▶ 小松菜ともやし・にんじんのナムル

材料

（大人2人＋子ども1人×2食分）

小松菜 … 100g
もやし … 100g
にんじん … 40g
Ⓐ 白すりごま … 小さじ2
　 ごま油 … 小さじ1
　 しょうゆ、酢 … 各小さじ1/2
　 塩 … 小さじ1/4

作り方

❶ 小松菜は葉は1.5〜2cm大、茎は1cm長さに切る。もやしは半分の長さに切る。にんじんは3cm長さのせん切りにする。

❷ 耐熱ボウルに❶のにんじんを入れて水大さじ3（分量外）をかけ、ラップをして電子レンジで2分ほど加熱する。ボウルを取り出し、もやし、小松菜をのせ、再びラップをして2分ほど食材がやわらかくなるまで加熱する。ざるにあげて水気をきって冷ます。

❸ 保存容器にⒶを入れて混ぜ、❷を加えてざっくりあえる。

Point

あえ物は食材を加熱後にざるにあげ、水気をきって素早く冷ましましょう。手も触れないので衛生的。

大人Arrange

コチュジャンやキムチを合わせて韓国風に。

part 3

▶ ハム入り 小松菜コーンソテー

材料 （大人2人＋子ども1人✕2食分）

小松菜 … 150g	サラダ油 … 小さじ2
ロースハム（スライス） … 40g	ホールコーン（缶詰）… 60g
	塩 … 小さじ1/4

作り方

❶ 小松菜は葉は1.5〜2cm大、茎は1cm長さに切る。ハムは1cm角に切る。

❷ 熱したフライパンにサラダ油をひき、❶を入れて中火で炒める。小松菜がしんなりしたら汁をきったホールコーンと塩を加えて混ぜ、さっと炒める。

▶ ほうれん草とこんにゃくの 炒めごまあえ

材料 （大人2人＋子ども1人✕2食分）

ほうれん草 … 100g	砂糖 … 小さじ2
糸こんにゃく … 180g	塩 … 少々
ごま油 … 小さじ2	黒すりごま … 大さじ2
めんつゆ（3倍濃縮）… 大さじ1	

作り方

❶ ほうれん草は葉と茎に分け、沸騰した湯で茎、葉の順に時間差でさっとゆでる。水洗いして水気を絞り、1〜1.5cm大に切る。糸こんにゃくはさっとゆでて水気をきり、1.5cm長さに切る。

❷ 熱したフライパンにごま油をひき、糸こんにゃくを入れて中火で炒める。油がなじんだら、めんつゆ、砂糖を加えて混ぜ、ほうれん草を入れてさっと炒め、火を止める。塩、黒すりごまを加えてあえる。

Point

●こんにゃくはかたまりで与えると、のどに詰まる恐れがあるので細かく切って。

●こんにゃくもほうれん草もアク抜きのためにゆでましょう。こんにゃくはアク抜き不要のものはそのまま使用してOK。

甘酸っぱくて
大好きな味！

冷蔵
2日
保存期間　電子レンジ　お弁当に

▶ かぼちゃとさつまいものサラダ

材料

（大人2人＋子ども1人×2食分）

かぼちゃ … 150g
さつまいも … 100g
レーズン … 大さじ1
Ⓐ オリーブオイル … 小さじ2
　 レモン汁 … 小さじ1
　 砂糖 … 小さじ1/2
　 塩 … 小さじ1/4

作り方

❶ かぼちゃとさつまいもは1cm厚さ×2cm角に切り、耐熱容器に入れて水大さじ4（分量外）をかけ、ふんわりラップをして電子レンジで4分ほどやわらかくなるまで加熱する。レーズンを混ぜ、そのまま冷ます。

❷ 保存容器にⒶを混ぜ、水気をきった❶を入れてあえる。

冷蔵	❄	🍱
3日	**14**日	
保存期間	冷凍可	お弁当に

冷蔵	❄	🍱
3日	**14**日	
保存期間	冷凍可	お弁当に

▶ かぼちゃのそぼろ煮

材料 （大人2人＋子ども1人✕2食分）

かぼちゃ … 250g
鶏ひき肉 … 100g
Ⓐ だし汁 … 200ml
　みりん … 大さじ2
　しょうゆ … 小さじ2
水溶き片栗粉（片栗粉小さじ1
＋水小さじ2）

作り方

❶ かぼちゃは皮をまだらにむき、2.5cm角に切る。

❷ 鍋にひき肉、Ⓐを入れて混ぜ、強火にかける。沸騰した
　らかぼちゃを入れて中火で煮る。アクをすくい、キッチ
　ンペーパーで落としぶたをしてふたをし、弱〜中火で15
　分ほど煮る。かぼちゃがやわらかくなったら水溶き片栗
　粉を回し入れ、かぼちゃを崩さないようにやさしく混ぜ
　て煮汁にとろみをつける。

▶ 高野豆腐と　かぼちゃの煮物

材料 （大人2人＋子ども1人✕2食分）

かぼちゃ … 200g
高野豆腐 … 2cm角10個程度（約25g）
水 … 400ml
めんつゆ（3倍濃縮）… 大さじ2
砂糖 … 小さじ1
枝豆（ゆでてさやから出したもの・冷凍可）… 大さじ3

作り方

❶ かぼちゃは2cm角に切る。高野豆腐は水適量（分量外）
　で戻し、水気を絞る。

❷ 鍋に水を入れて沸かし、めんつゆ、砂糖を加えて混ぜ
　る。かぼちゃ、高野豆腐を入れ、ふたをして弱〜中火で
　10分ほど煮る。かぼちゃがやわらかくなったら枝豆を加
　えて混ぜる。

冷蔵
2日
保存期間　電子レンジ

▶ ブロッコリーポテトサラダ

材料

（大人2人＋子ども1人✖2食分）

ブロッコリー … 1/2 個
じゃがいも … 2個
Ⓐ マヨネーズ … 大さじ2
　 プレーンヨーグルト … 大さじ1
　 塩 … 少々
ホールコーン（缶詰）… 60g

作り方

❶ じゃがいもは1cm厚さのいちょう切りにし、さっと水洗いして水気を軽くきる。耐熱容器に入れてふんわりラップをかけ、電子レンジで5分ほど加熱する。水気をきり、熱いうちにつぶして冷ます。

❷ ブロッコリーは小房に分け、穂先は1.5〜2cm大に、茎はかたい部分を切り落とし、細切りにする。耐熱容器に入れて水大さじ2（分量外）をかけ、ふんわりラップをして電子レンジで2分ほどやわらかくなるまで加熱する。ざるにあげて水気をきり、冷ます。

❸ ❶にⒶを混ぜ、❷と汁気をきったホールコーンをあえる。

Point

作った翌日に食べるときは再加熱すると安心。オムレツの具にしたり、チーズなどと一緒に焼くのもおすすめです。

part 3

冷蔵
2日
保存期間　電子レンジ　お弁当に

▶ ブロッコリーと桜えび・ちくわのポン酢あえ

材料（大人2人**＋**子ども1人**×**2食分）

ブロッコリー … 1/2個
ちくわ … 2本

桜えび … 大さじ2
ポン酢しょうゆ（P29参照・市販品可）… 大さじ1

作り方

❶ ブロッコリーは小房に分け、穂先は1.5〜2cm大に、茎はまわりのかたい部分を切り落とし、短冊切りにする。ちくわは縦半分に切り、斜め薄切りにする。

❷ 耐熱容器に❶、桜えびを入れて水大さじ2（分量外）をかける。ふんわりラップをして電子レンジで2分ほどブロッコリーがやわらかくなるまで加熱する。そのまま冷まし、ポン酢であえる。

Point
桜えびのうまみが加わり、酸味がまろやかに。ポン酢ではなく、しょうゆと塩で味つけしてもOK。

▶ ブロッコリーとにんじんのみそマヨがけ

材料（大人2人**＋**子ども1人**×**2食分）

ブロッコリー … 1/2個
にんじん … 1/2本

みそ、マヨネーズ
… 各大さじ1

作り方

❶ ブロッコリーは小房に分け、穂先は1.5〜2cm大に、茎はまわりのかたい部分を切り落とし、短冊切りにする。にんじんは1cm幅×4cm長さの短冊切りにする。

❷ 耐熱容器ににんじんを入れて水大さじ2（分量外）をかけ、ふんわりラップをして電子レンジで2分ほど加熱。容器を取り出してブロッコリーをのせ、さらに2分ほど食材がやわらかくなるまで加熱する。ざるにあげて水気をきり、冷ます。

❸ ❷を保存容器に入れ、みそとマヨネーズを混ぜてかける。
※保存するときは2つの容器に分け、タレも別にしておくとよい。

冷蔵
2日
保存期間　電子レンジ　お弁当に

冷蔵 **3**日 保存期間 / ❄ **14**日 冷凍可 / お弁当に

▶ ピーマンとれんこんのじゃこカレーきんぴら

（大人2人＋子ども1人✕2食分）
ピーマン、赤パプリカ、れんこん
　　… 各70g
ごま油 … 小さじ2
ちりめんじゃこ … 10g
Ⓐ 水 … 100ml
　│ みりん … 大さじ1
　│ しょうゆ … 小さじ1/2
塩、カレー粉
　　… 各小さじ1/4

作り方

❶ ピーマンとパプリカは縦半分に切り、種とヘタを取ってピーラーでまだらに皮をむく。さらに縦半分に切り、繊維を断つように横向きに細切りにする。れんこんは2cm大の薄いいちょう切りにする。

❷ 熱したフライパンにごま油をひき、❶を入れて中火で炒める。つやが出てきたら、ちりめんじゃこ、Ⓐを加えて煮汁が少なくなるまで混ぜながら煮る。塩、カレー粉を加え、混ぜながら煮汁を飛ばす。

Point

ピーマンやパプリカはピーラーで皮をまだらにむくと食べやすくなります。れんこんは薄く切って火の通りをそろえましょう。

part 3

▶ アスパラポテトソテー

材料（大人2人➕子ども1人✖2食分）

グリーンアスパラガス … 100g
玉ねぎ … 1/2個
じゃがいも … 1個
ベーコンスライス … 40g

サラダ油 … 小さじ2
しょうゆ … 小さじ1/2
塩 … 小さじ1/4

作り方

❶ アスパラはピーラーで根元のかたい部分の皮を薄くむき、斜めに切る。玉ねぎは長さ半分の細切りに、ベーコンは1cm幅に切る。じゃがいもは8mm角×3〜4cm長さの棒状に切り、さっと水洗いして水気を軽くきって耐熱容器に入れる。ふんわりラップをし、電子レンジで2分ほど加熱し、水気をきる。

❷ 熱したフライパンにサラダ油をひき、ベーコン、玉ねぎを入れて中火で炒める。しんなりしたらアスパラ、じゃがいもを加えて全体に火が通るまで炒め、しょうゆと塩を加えて混ぜる。

大人Arrange
こしょうや粒マスタードで味に変化を出すのもおすすめ。

冷蔵
3日
保存期間　お弁当に

▶ いんげんとパプリカの鶏ささみあんかけ

材料（大人2人➕子ども1人✖2食分）

さやいんげん … 90g
黄パプリカ … 70g
鶏ささみの水煮（缶詰）
　… 70g

Ⓐ 砂糖、しょうゆ
　… 各小さじ1
片栗粉、酢 … 各小さじ1/2
塩 … 小さじ1/4

作り方

❶ さやいんげんは端のかたい部分を除き、3cm長さに切る。パプリカは縦半分に切り、種とヘタを取って皮をまだらにむき、さらに縦半分に切り、横向きに7mm幅に切る。ともに耐熱容器に入れ、水大さじ3（分量外）をかけ、電子レンジで3分ほどやわらかくなるまで加熱する。ざるにあげて水気をきって冷ます。

❷ 耐熱容器に鶏ささみ（汁ごと）とⒶを入れ、ラップをして電子レンジで1分ほど加熱する。

❸ 保存容器に❶を入れ❷をかける。

冷蔵
3日
保存期間　電子レンジ　お弁当に

スパゲティは短めに折って食べやすく♪

冷蔵
3日
保存期間　お弁当に

▶ キャベツとハムのパスタソテー

材料

（大人2人＋子ども1人×2食分）
キャベツ … 200g
ロースハム（スライス）… 40g
スパゲティ（1.4mm）… 50g
水 … 400ml
オリーブオイル … 小さじ2
しょうゆ … 小さじ1/2
塩 … 小さじ1/4

作り方

① キャベツとハムは3cm長さの細切りにする。

② スパゲティは3cm長さに折り、深めの耐熱ボウルに入れる。水を入れ、ふんわりラップをして電子レンジで7分ほど加熱してざるにあげる。さっと水洗いし、水気をきる。

③ 熱したフライパンにオリーブオイルをひき、①を入れて中火で炒める。しんなりしてきたら②を加え、しょうゆと塩を加えて混ぜる。

Point

スパゲティを電子レンジでゆでるときは、吹きこぼれないように、深めのボウルに入れましょう。

part 3

冷蔵 2日 保存期間　電子レンジ　お弁当に

冷蔵 2日 保存期間　電子レンジ　お弁当に

▶ 白菜とじゃこの ふりかけあえ

材料（大人2人＋子ども1人×2食分）

白菜 … 250g	赤しそふりかけ … 小さじ1
ちりめんじゃこ … 15g	

作り方

❶ 白菜は芯は3cm長さの短冊切りにし、葉は食べやすい大きさに切る。耐熱容器に入れてちりめんじゃこを加え、ラップをして電子レンジで3分ほど加熱する。ざるにあげて水気をきる。

❷ 赤しそふりかけとあえる。

▶ キャベツとちくわ・ わかめのごまダレがけ

材料（大人2人＋子ども1人×2食分）

キャベツ … 200g	砂糖 … 小さじ1
ちくわ … 4本	酢 … 小さじ1/2
カットわかめ（乾燥）… 大さじ2（4g）	片栗粉 … 小さじ1/2
Ⓐ 水 … 大さじ2	白すりごま … 大さじ2
サラダ油、しょうゆ … 各小さじ2	

作り方

❶ わかめは手で割りほぐして水適量（分量外）で戻し、水気を絞る。キャベツは2cm大にちぎり、ちくわは輪切りにする。すべて耐熱容器に入れて水大さじ3（分量外）をかけ、ふんわりラップをして電子レンジで3分ほど加熱する。ざるにあげて水気をきる。

❷ 耐熱容器にⒶを入れて混ぜ、ふんわりラップをして電子レンジで40〜50秒ほど加熱し、ごまを混ぜ、冷ます。

❸ 保存容器に❶を入れ、❷をかける。

冷蔵 **3**日 保存期間 / ❄ **14**日 冷凍可 / お弁当に

▶ 切り干し大根と油揚げ・にんじん煮

材料

(大人2人＋子ども1人✖2食分)

切り干し大根 … 15g
水 … 150ml
にんじん … 50g
油揚げ … 1枚
さやいんげん … 4本
ごま油 … 小さじ1
めんつゆ（3倍濃縮）… 大さじ2

作り方

❶ 切り干し大根はさっと洗って水で戻し（戻し汁も残しておく）、水気を絞って1～2cm長さに切る。油揚げは熱湯をかけて油抜きする。にんじんと油揚げは2cm長さのせん切りに、いんげんは斜め薄切りにする。

❷ 熱したフライパンにごま油をひき、切り干し大根とにんじんを入れて中火で炒める。つやが出てきたら、油揚げ、戻し汁、めんつゆを加えて中火で煮る。切り干し大根がやわらかくなったらいんげんを混ぜ、煮汁が少なくなるまで煮る。

おすすめArrange
刻んで卵焼きに混ぜると、野菜が苦手な子でも食べやすくなります。

part 3

冷蔵 **2**日 保存期間

冷凍可 **14**日

お弁当に

▶ ツナと切り干し大根・ひじきのマヨポン炒め

材 料

（大人2人＋子ども1人✕2食分）

切り干し大根 … 15g
赤パプリカ … 35g
小ねぎ … 1/2本
ツナ（ノンオイル・缶詰）… 70g
ひじきの水煮（ドライパック）
　… 50g
マヨネーズ … 大さじ2
ポン酢しょうゆ（P29参照・市販
　品可）… 小さじ2

作り方

❶ 切り干し大根はさっと洗って水適量（分量外）で戻し、水気を絞って1〜2cm長さに切る。赤パプリカは2cm長さのせん切りにする。小ねぎは小口切りにする。

❷ フライパンに小ねぎ以外の❶を入れ、浸る程度の水（分量外）、ツナの缶汁を入れてふたをし、中火で煮る。切り干し大根がやわらかくなり水気がほぼなくなったらツナ、ひじき、小ねぎ、マヨネーズを加えて炒め、全体がなじんだらポン酢を加えて混ぜる。

大人Arrange
味唐辛子やゆずこしょう、和からしなどでピリッとさせれば満足感アップ。

トマトジュースで簡単に作れる!

冷蔵 **3**日 保存期間
冷凍可 **14**日

▶ ミネストローネ

材料

(大人2人＋子ども1人✕2食分)

玉ねぎ … 1/2個
ズッキーニ … 1本
ウインナーソーセージ … 60g
　※ベーコン40gでも可
オリーブオイル … 小さじ2
Ⓐトマトジュース(無塩) … 380ml
　水 … 600ml
　顆粒ブイヨンスープの素
　　… 小さじ1
　※昆布だし、コンソメでも可
塩 … 小さじ1/2

作り方

1. 玉ねぎ、ズッキーニは1cm角に、ウインナーは5mm厚さの輪切りにする。

2. 熱したフライパンにオリーブオイルをひき、❶を中火で炒める。つやが出てきたらⒶを入れ、野菜がやわらかくなるまで煮て塩を加えて混ぜる。

おすすめArrange
野菜はパプリカ、キャベツ、アスパラなど、好みのものを入れてOK。

冷蔵	❄
3日	**14日**
保存期間	冷凍可

▶ あさりのチャウダー

材料

（大人2人＋子ども1人×2食分）

あさりの水煮（缶詰）… 60g
玉ねぎ … 1/2個
オリーブオイル … 小さじ2
Ⓐ冷凍ミックスベジタブル … 100g
　水 … 500ml
　顆粒ブイヨンスープの素
　　… 小さじ1
　　※昆布だし、コンソメでも可
　塩 … 小さじ1/2
　こしょう … 少々
牛乳 … 400ml
米粉（または薄力粉）… 大さじ3

作り方

❶ 玉ねぎは1cm角に切る。あさりは汁をきり、半分ほどに刻む。

❷ 熱した鍋にオリーブオイルをひき、玉ねぎを入れて中火で炒める。しんなりしたら、あさりとⒶを加えて煮る。食材に火が通ったら米粉を溶いた牛乳を混ぜて軽くとろみがつくまで煮る。

Point

米粉の代わりに同量の薄力粉でもOK。薄力粉の場合はだまができないようによく混ぜましょう。

大人Arrange

塩を加えて調節したり、こしょうをたしたりするのもおすすめ。

冷蔵 **3**日
保存期間

❄ **14**日
冷凍可

▶ にんじんかぼちゃポタージュ

材料

（大人2人＋子ども1人✕2食分）

にんじん … 75g
かぼちゃ … 150g
玉ねぎ … 1/2個
オリーブオイル … 小さじ2
水 … 400ml
Ⓐ牛乳 … 200ml
　顆粒ブイヨンスープの素
　　… 小さじ1
　　※昆布だし、コンソメでも可
　塩 … 小さじ1/2

作り方

❶ にんじんは薄いいちょう切りに、かぼちゃは皮をむき1cm厚さ×4cm幅に切る。玉ねぎは長さ半分の細切りにする。

❷ 熱したフライパンにオリーブオイルをひき、❶を中火で炒める。玉ねぎがしんなりしたら水を入れ、野菜がやわらかくなるまで煮る。

❸ ブレンダー（またはミキサー）でなめらかになるまで撹拌し、Ⓐを加えて軽く煮る。

Point

ハンディブレンダーなら鍋に入れたまま撹拌できて楽です。

かぶとコーンクリームの レンジ煮スープ

材料 （大人2人＋子ども1人✕2食分）

かぶ … 2個
かぶの葉 … 2個分（約30〜40g）
クリームコーン（缶詰）… 1缶（180g）
牛乳 … 400ml
水 … 200ml
顆粒ブイヨンスープの素 … 小さじ1
　※昆布だし、コンソメでも可
片栗粉 … 小さじ2
塩 … 小さじ1/2

作り方

❶ かぶは1cm角に、葉は粗みじん切りにする。

❷ 耐熱ボウルに❶、残りの材料をすべて入れて混ぜ、ふんわりラップをして電子レンジで7分ほど加熱し、混ぜる。

Point

吹きこぼれないように深めのボウルに入れて加熱しましょう。

冷蔵 **3**日 保存期間
冷凍可 **14**日
電子レンジ

大豆入りけんちん汁

材料 （大人2人＋子ども1人✕2食分）

大豆の水煮（レトルトパウチ）
　… 60g
油揚げ … 1枚
小ねぎ … 1本
冷凍根菜ミックス … 200g

※根菜類の水煮の
　真空パックでも可
だし汁 … 1000ml
しょうゆ … 小さじ4
塩 … 小さじ1/2

作り方

❶ 油揚げは両面に熱湯をかけて油抜きし、1cm大に切る。小ねぎは小口切りにする。

❷ 鍋に油揚げ、大豆、冷凍根菜ミックス（冷凍のまま）、だし汁を入れてひと煮立ちさせる。小ねぎ、しょうゆ、塩を加えて混ぜる。

Point

根菜は火が通るまでに時間がかかるので、時短したいときはカット・加熱済みのものがおすすめ。大根、にんじん、ごぼう、里いもなどが入った冷凍根菜ミックスは常備しておくと便利です。

冷蔵 **3**日 保存期間
冷凍可 **14**日

手軽に栄養を補える！
みそ汁バリエーション

だしがきいたみそ汁は子どもが好きな料理のひとつ。苦手な野菜もみそ汁に入っていれば食べられるという子も少なくありません。毎日のみそ汁作りに使えるおすすめの具を紹介します。

▶ キャベツとわかめの みそ汁

材料 （子ども1人分）

キャベツ … 20g	だし汁 … 3/4カップ
わかめ(乾燥) … 小さじ1/2	みそ … 小さじ1

作り方

① キャベツは2cm大に切り、わかめは水適量（分量外）で戻す。

② 鍋にだし汁を入れて温め、キャベツを入れて火が通ったらわかめを加え、みそを溶き入れる。

幼児食に大切なだし

和食の基本の味であり、うまみが豊富なだし。幼児期のうちに、だしのおいしさを教えてあげましょう。"だしを取る"というと手間がかかりそうですが、簡単な方法もあります。

いろいろあるだしの取り方・味わい方

\ 電子レンジで /
かつおだし

耐熱容器にだし昆布4cm長さとかつお削り節ひとつまみ、水200mlを入れて電子レンジで1分ほど加熱する。

\ 水出しで /
昆布だし

容器にだし昆布8cm長さと水200mlを入れてふたをし、冷蔵庫で6時間ほどおく。

\ かけるだけ /
かつお節

ゆで野菜にかつお削り節をふるだけでもだしのうまみを感じられる。

\ お手軽 /
顆粒和風 だしの素
お湯にさっと溶けてだし汁ができる。無添加のものを選んで。

\ だしパックは 手作りもできる /

①キッチンペーパーの中央にかつお削り節1袋（5g）を置く。②三角に折り、さらに中心に向かって左右を折る。③長方形になるように整える。④三角形の頂点を底のすき間に折り込む。

だしパック
昆布やにぼし、かつお削り節など、だしの原料を粉末にしてパックに詰めたもの。湯の中に入れるだけなので手軽。塩などで調味されていないものがおすすめ。

おすすめの具材

基本的な作り方はP92と同じです。火が通りにくい根菜はだしが冷たいうちに入れ、火が通りやすい葉物類はだしが沸いてから入れましょう。

▶ **玉ねぎ＋にんじん**

▶ **小松菜＋さつまいも**

▶ **白菜＋ちくわ**

▶ **かぼちゃ＋小ねぎ**

▶ **大根＋豆腐**

▶ **ミニトマト＋えのき**

かまって攻撃の対策にも!
お手伝いしてもらおう

料理のお手伝いは五感を刺激して、食への関心を高めます。また、親子のコミュニケーションも増え、ごはんがもっと楽しいものに!簡単な工程を1つ手伝ってもらうだけでも、子どもは「できた!」と満足します。お手伝いしてもらったら、「ありがとう」「助かったよ」など、感謝の気持ちを伝えましょう。

2 歳代
「お手伝いしたい」という気持ちがふくらむ時期

自分でやりたい気持ちがふくらみ、お手伝いの意欲が高まる時期。話を理解する力がつき、手の動きも発達するのでできることが増えますが、まだ思うようにできないこともあるので、刃物は使わせないようにしましょう。手伝ってもらうことを嫌がる時期なので、ポリ袋をもむなど、1人でできそうなことは積極的にやらせてあげてもよいでしょう。

こんなお手伝いがおすすめ
- ボウルの中を泡立て器などで混ぜる
- ポリ袋をもんで混ぜる
- パン粉や粉チーズをふる
- スプーンで豆腐をすくう
- 白玉団子を丸める

1 歳代
食材を見る、触る経験を積極的にさせよう

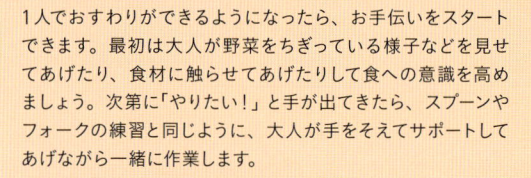

1人でおすわりができるようになったら、お手伝いをスタートできます。最初は大人が野菜をちぎっている様子などを見せてあげたり、食材に触らせてあげたりして食への意識を高めましょう。次第に「やりたい!」と手が出てきたら、スプーンやフォークの練習と同じように、大人が手をそえてサポートしてあげながら一緒に作業します。

こんなお手伝いがおすすめ
- ミニトマトのヘタを取る
- きゅうりを水で洗う
- きのこをほぐす
- 小松菜の葉をちぎる
- 玉ねぎの皮をむく
- 仕上げのごまをふる

4 歳以降
大人が見守れば火を使う調理も可能に

理解力や判断力がつき、危ないことは自分で気をつけ、避けられるようになります。腕の力もついてくるので、フライパンなど重い調理器具を使うこともできます。この頃になるとキッチンで一連の調理ができ、作れるメニューが増えて料理がますます楽しいと感じるように。1人でできることは増えますが、必ず大人が見守るようにしましょう。

こんなお手伝いがおすすめ
- 野菜をすりおろす
- ピーラーを使う
- 包丁で野菜を切る
- フライパンで炒める
- 調味料を入れて味つけする
- 1人で盛りつけをする

3 歳代
手指が発達しできることが増える

手指の動きがスムーズになり、簡単な調理のお手伝いができるように。バナナなど、やわらかいものを上から押して切る程度なら、包丁も使えるようになります。「お手伝いしたい!」と言われても、ママやパパの気持ちに余裕がないときは、味見や仕上げをお願いするのもよいでしょう。料理に参加し、「自分が作った」という気持ちで満たしてあげます。

こんなお手伝いがおすすめ
- テーブルナイフや包丁でバナナを切る
- 味見をする
- お玉で火を消した鍋の中をかき混ぜる
- ラップでおにぎりをにぎる

忙しいときはこれだけでOK

栄養たっぷり 一品料理

何品もおかずを作るのが大変な日は一品料理がおすすめです。
肉や魚などのタンパク質と野菜を組み合わせたメニューなら
おかずをたくさん用意しなくても栄養がバランスよくとれます。
ごはんにかけて丼にしたり、うどんや中華麺などと合わせたりと
アレンジして楽しむのもよいですよ。

▶ 豚肉と野菜の塩炒め

材 料

（大人2人＋子ども1人×1食分）

豚もも薄切り肉 … 200g
キャベツ … 150g
にんじん … 1/2本
玉ねぎ … 1/2個
きくらげ（乾燥） … 4枚
Ⓐ水 … 100ml
　片栗粉 … 小さじ1
　顆粒鶏ガラスープの素、
　　しょうゆ … 各小さじ1/2
　塩 … 小さじ1/4
　こしょう … 少々

作り方

1. 豚肉、キャベツは2cm幅×3cm長さ、にんじんは1cm幅×3cm長さに切り、玉ねぎは長さ半分の薄切り、きくらげは水適量（分量外）で戻し、1cm幅の細切りにする。

2. 熱したフライパンにサラダ油小さじ2（分量外）をひき、玉ねぎ、にんじんを入れて中火で炒める。つやが出てきたら、豚肉、キャベツ、きくらげを加えて炒める。混ぜ合わせたⒶを回し入れ、混ぜながらとろみがつくまで煮る。

Point

鶏ガラスープの素は化学調味料不使用のものを選びましょう。

おすすめArrange

中華丼、ラーメン、焼きそば、焼きうどんなどの具にもおすすめです。

part 4

冷蔵 3日
保存期間　お弁当に

▶ 豚肉と豆腐の チャンプルー

材料（大人2人＋子ども1人✕1食分）

豚こま切れ肉 … 150g	サラダ油 … 小さじ2
酒 … 小さじ2	塩 … 小さじ1/4
木綿豆腐 … 150g	こしょう … 少々
赤パプリカ … 70g	卵 … 1個
チンゲン菜 … 100g	しょうゆ … 小さじ1
長ねぎ（白い部分）… 60g	かつお削り節 … ひとつまみ

作り方

❶ 豚肉は2cm幅に切り、酒をまぶしてほぐす。豆腐はキッチンペーパーに包んで水気を軽くきる。赤パプリカは長さ半分のせん切り、チンゲン菜は葉は2cm幅、芯は細切りにする。長ねぎは粗みじん切りにする。

❷ 熱したフライパンにサラダ油をひき、豚肉を入れて中火で炒める。肉の色が変わったら、赤パプリカ、チンゲン菜、長ねぎを加えてさっと炒め、中央をあけて豆腐をひと口大に割りながら入れ、薄く色づいたら塩、こしょうをふる。溶いた卵を回し入れ、固まったらしょうゆを加えて混ぜる。かつお節をふる。

▶ 鶏肉と厚揚げ・きのこの 炒め煮

材料（大人2人＋子ども1人✕2食分）

鶏もも肉 … 300g	Ⓐ だし汁 … 200ml
厚揚げ … 1枚	みりん … 大さじ3
玉ねぎ … 200g	しょうゆ … 大さじ2
しめじ … 100g	砂糖 … 大さじ1
サラダ油 … 小さじ2	

作り方

❶ 鶏肉は皮、脂（身の間の白い部分）を除き2cm大に切る。厚揚げは両面に熱湯をかけて油抜きし、1cm厚さ×2cm角に切る。玉ねぎは長さ半分の細切り、しめじは石づきを除き、半分の長さに切ってほぐす。

❷ 熱したフライパンにサラダ油をひき、玉ねぎを入れて中火で炒める。つやが出てきたら、鶏肉を入れて色が変わったら厚揚げ、しめじを加えてさっと炒め、Ⓐを加えて火が通るまで煮る。

おすすめArrange

最後に水溶き片栗粉を加えてとろみをつけ、丼やうどんのあんかけにしても。

冷蔵 3日
保存期間　お弁当に

▶ にら入り肉団子と春雨のスープ煮

材料

（大人2人＋子ども1人×1〜2食分）

豚ひき肉 … 200g
にら … 1/2束
にんじん … 1/3本
白菜 … 200g
春雨（乾燥）… 30g
Ⓐ水 … 大さじ3
　片栗粉 … 大さじ1
　塩 … 小さじ1/4
　こしょう … 少々
水 … 800ml
Ⓑ顆粒鶏ガラスープの素、
　　しょうゆ、ごま油 … 各小さじ2
　塩 … 小さじ1/2

作り方

1. にらは長さ半分に切り、茎はみじん切り、葉は2cm長さに切る。にんじんは3cm長さのせん切り、白菜は葉は3cm大にちぎり、芯は細切りにする。春雨は熱湯適量（分量外）に入れて戻し、水気をきって3〜4cm長さに切る。

2. ポリ袋にひき肉、❶のみじん切りにしたにらの茎、Ⓐを入れてよく混ぜる。

3. 鍋に水とにんじんを入れて沸かし、白菜を加える。❷のポリ袋の口を閉じて片端を2.5cm幅に切り、肉ダネを絞り出して直径2.5cm大に丸めて鍋に入れる。春雨、残りのにらを加え、団子に火が通るまで中火で煮て、Ⓑを加え混ぜる。

Point

春雨は湯で戻さずに、スープに直接入れて煮てもOK。その場合、子ども用は食べるときにキッチンばさみで短く切りましょう。

大人Arrange

大人はキムチを入れるとキムチ鍋風の味も楽しめます。

part 4

冷蔵
3日
保存期間

▶ たらのかぶみぞれ鍋

材 料（大人2人➕子ども1人✖2食分）

真だらの切り身（甘口）… 350g	酒 … 大さじ1
かぶ … 2個	絹ごし豆腐 … 300g
かぶの葉 … 2個分（約40g）	だし汁 … 800ml
片栗粉 … 大さじ1	しょうゆ、塩
にんじん … 100g	… 各小さじ1

作り方

❶ かぶは半量をすりおろし、残りはくし形（または3cm大の薄切り）に切る。葉は粗みじん切りにする。すりおろしたかぶは片栗粉を混ぜておく。にんじんはピーラーで5cm長さにそぐ。たらはキッチンペーパーで水気をふき取り、骨を除いてひと口大に切り、酒をまぶす。豆腐はひと口大に切る。

❷ 鍋にだし汁を沸かし、❶の切ったかぶ、にんじん、たら、豆腐を入れて中火で煮る。しょうゆ、塩を混ぜ、かぶの葉、すりおろしたかぶを順にのせ、ふたをして弱火でかき混ぜずに1～2分ほど煮る。

▶ さんまのパエリア風 炊き込みごはん

材 料（大人2人➕子ども1人✖1食分）

米 … 2合	オリーブオイル … 小さじ2
さんま（3枚おろし）	Ⓐ 無塩トマトジュース … 200ml
… 2尾分	顆粒ブイヨンスープの素
赤パプリカ … 1/2個	… 小さじ1
さやいんげん … 4本	※昆布だし、コンソメでも可
玉ねぎ … 1/2個	しょうゆ … 小さじ1
エリンギ … 50g	塩 … 小さじ1/2
にんにく … 1/2片	カレー粉 … 小さじ1/4
	こしょう … 少々

作り方

❶ 米はといで20分ほど水適量（分量外）に浸す。さんまはキッチンペーパーで水気をふき取り、小骨を除いて4等分にし、アルミホイルに並べてオーブントースター（または魚焼きグリル）で皮が色づくまで5分ほど焼く。パプリカは3cm長さ、1.5cm幅に切り、いんげんは1.5cm長さに切る。玉ねぎ、エリンギ、にんにくはみじん切りにする。

❷ 熱したフライパンにオリーブオイルをひき、玉ねぎ、エリンギ、にんにくを入れて中火でしんなりするまで炒める。

❸ 炊飯釜に水気をきった米、Ⓐを入れて2合の目盛りまで水を加え、❷と❶のパプリカ、いんげん、焼いたさんまをのせて炊く。

冷蔵
2日
保存期間

14日
冷凍可

お弁当に

冷蔵
3日
保存期間

❄
14日
冷凍可

▶ ビーフシチュー

材料

（大人2人➕子ども1人✖2食分）

牛切り落とし肉 … 300g
Ⓐプレーンヨーグルト … 大さじ3
　酒 … 大さじ2
　塩、こしょう … 各少々
玉ねぎ … 2個
にんじん … 1本
サラダ油 … 大さじ1
水 … 500ml
Ⓑカットトマト（缶詰）… 400g
　ローリエの葉 … 1枚
　顆粒ブイヨンスープの素、
　　しょうゆ … 各小さじ2
薄力粉 … 大さじ4
Ⓒ中濃ソース … 大さじ1
　砂糖、しょうゆ … 各小さじ2
　塩、こしょう … 各少々
バター … 15g

作り方

❶ ポリ袋に牛肉とⒶを入れてもみ込む。玉ねぎは縦半分、横半分に切り、繊維に沿って1cm幅に切る。にんじんは半月切りまたはいちょう切りにする。

❷ 熱した鍋にサラダ油をひき、玉ねぎ、にんじんを入れて中火で炒める。つやが出てきたら、❶の肉を広げ、ほぐすように混ぜながら炒め、焼き色がついたら水400mlを入れて煮る。アクをすくい、Ⓑを入れて野菜がやわらかくなるまで煮る。

❸ フライパンに薄力粉を入れ、へらで混ぜながら薄い茶色になるまで炒る。火を止めて水100mlを少しずつ加えながら混ぜて溶かし、❷の鍋に加える。Ⓒを加えて混ぜ、3分ほど煮る。

Point

● 薄力粉が写真くらいの薄茶色になるまで炒ることでさらっとしてだまになりにくくなり、さらにソースに色とコクが出ます。急ぐときは炒らずに水を少しずつ加えてだまにならないように溶かしましょう。

● ヨーグルトには肉をやわらかくし、臭みを消す効果があります。なければ入れなくてもOK。

● 1食分ずつ分けて保存すると再加熱しやすいです。

part 4

冷蔵
3日
保存期間

冷蔵
3日
保存期間

▶ 野菜たっぷりポトフ

材料 （大人2人＋子ども1人✖2食分）

鶏手羽中	玉ねぎ … 1個
（またはひと口大に	キャベツ … 200g
切った鶏もも肉200g)	だし昆布 … 5cm長さ
… 300g	※顆粒昆布だしの素、顆粒
ウインナーソーセージ	ブイヨンスープの素小さ
… 180g	じ1でも可
じゃがいも … 2個	水 … 1000ml
にんじん … 1本	塩 … 小さじ1

作り方

① じゃがいもは3cm大、にんじんは2cm大の乱切り、玉ねぎは縦半分に切って2cm幅に切る。キャベツは3cm大ほどにちぎる。だし昆布はキッチンばさみで長さ半分の細切りにする。

② 鍋に水、鶏手羽中、じゃがいも、にんじん、玉ねぎ、だし昆布を入れてふたをし、中火で煮る。アクをすくいながら、にんじんがやわらかくなるまで15分ほど煮る。キャベツ、ウインナー、塩を加えて混ぜ、火が通るまで煮る。

大人Arrange
食べる際にトマトケチャップ、粒マスタード、塩、こしょうなどをプラスしても。

▶ ミニおでん

材料 （大人2人＋子ども1人✖2食分）

大根 … 300g	だし昆布 … 10cm長さ
にんじん … 1本	かつお削り節 … 軽く1カップ
好みの練り物 … 適量	水 … 1200ml
※ここでは揚げボー	Ⓐ みりん … 大さじ2
ル130g、焼きちく	しょうゆ … 大さじ1
わ2本、ミニがんも	塩 … 小さじ1
どき8個を使用	うずら卵の水煮 … 12個

作り方

① 大根は2cm厚さのいちょう切り、にんじんは1cm厚さの輪切り（または半月切り）、焼きちくわは1cm幅の斜め切りにする。だし昆布はキッチンばさみで4等分長さに切る。かつお節はキッチンペーパーで包む(P92参照)。

② 鍋に水、大根、にんじん、だし昆布を入れて強火にかけ、沸騰したらⒶ、かつお節、練り物、うずら卵を入れてふたをし、中火で煮る。野菜に火が通ったらかつお節を取り出す。

Point
うずら卵や揚げボールなど小さいものはのどに詰まらないように注意。特に1～2歳児用には食べるときに具をキッチンばさみなどで食べやすく切りましょう。

▶ ひき肉とかぼちゃのグラタン

材料

（大人2人＋子ども1人✕1食分）

牛豚合いびき肉（または豚ひき肉）
　… 150g
玉ねぎ … 1/2個
かぼちゃ … 200g
サラダ油 … 小さじ2
米粉（または薄力粉）… 大さじ1
Ⓐ 水 … 50ml
　トマトケチャップ … 大さじ3
　しょうゆ … 小さじ1
　こしょう … 少々
Ⓑ 牛乳 … 200ml
　米粉（または薄力粉）
　　… 大さじ1と1/2
　塩 … 小さじ1/4
シュレッドチーズ … 適量

作り方

❶ 玉ねぎはみじん切りにし、かぼちゃは1.5cm角に切る。

❷ 熱したフライパンにサラダ油をひき、❶を入れて中火で炒める。つやが出てきたら、ひき肉を加えて炒める。肉の色が変わったら米粉をふり混ぜ、Ⓐを加え混ぜ、かぼちゃに火が通るまで煮る。

❸ 鍋にⒷを入れて泡立て器で混ぜる。中火にかけ、へらで混ぜながらとろみがつくまで煮る。

❹ サラダ油少々（分量外）を塗った耐熱容器（15×20cmほど）に❷、❸の順に盛り、チーズを全体にふる。オーブントースター（または190℃のオーブン）でチーズが溶けて薄くこげ目がつくまで焼く。

Point

● ❸で薄力粉を使用する場合は、粉に牛乳を少しずつ混ぜるとだまになりにくいです。

● ❸は鍋底をなでて筋が残る程度のかたさ（写真）にとろみをつけて。混ぜるときは耐熱のゴムべらを使うとこげつきにくいです。

part 4

冷蔵 3日	14日	
保存期間	冷凍可	お弁当に

▶ えび里いもグラタン

材料（大人2人＋子ども1人×1食分）

鶏もも肉 … 100g	Ⓐ 牛乳 … 400ml
冷凍むきえび … 80g	米粉（または薄力粉）
玉ねぎ … 1/2個	… 大さじ3
冷凍ほうれん草 … 60g	塩 … 小さじ1/2
オリーブオイル	パン粉、粉チーズ
（またはバター）… 大さじ1	… 各適量
冷凍里いも（ひと口大カット）	
… 100g	

作り方

① 鶏もも肉は皮と脂肪を除き2cm大に切る。玉ねぎは長さ半分の細切り、ほうれん草は解凍し1cm長さに切る。

② 熱したフライパンにオリーブオイルをひき、玉ねぎ、鶏肉を加えて中火で炒める。肉の色が変わったら、解凍して水気をきったむきえびと里いも（冷凍のまま）を入れ、食材に火が通るまで炒める。一度火を止め、混ぜ合わせたⒶを加え、再び火をつけてほうれん草を加え、里いもを軽くつぶしながらとろみがつくまで煮る。

③ サラダ油少々（分量外）を塗った耐熱容器（15×20cmほど）に②を広げ、パン粉と粉チーズを全体にふり、オーブントースター（または190℃のオーブン）で薄くこげ目がつくまで焼く。

▶ 鮭とブロッコリーのクリームシチュー

材料（大人2人＋子ども1人×1食分）

生鮭（切り身）… 2切れ	Ⓐ 牛乳 … 300ml
酒 … 大さじ1	米粉（または薄力粉）
ベーコンスライス … 30g	… 大さじ3
ブロッコリー … 120g	塩 … 小さじ1/2
玉ねぎ … 1/2個	顆粒ブイヨンスープの素
しめじ … 50g	… 小さじ1
サラダ油（またはバター）	※昆布だし、
… 小さじ2	コンソメでも可
水 … 400ml	しょうゆ … 小さじ1/2

作り方

① 鮭は皮、骨を除いてひと口大のそぎ切りにし、酒をまぶす。ベーコンは2cm幅に切る。ブロッコリーは小房に分け、穂先は2cm大に、茎はかたい部分を除き、1.5cm長さの薄切りにする。玉ねぎは長さ半分の細切り、しめじは石づきを除いて半分の長さに切ってほぐす。

② 熱した鍋にサラダ油をひき、玉ねぎ、ベーコンを入れて中火で炒める。つやが出てきたら、中央をあけて鮭を並べて両面を色づくまで焼く。水を注ぎ、煮立ったらブロッコリーとしめじを加え、火が通るまで煮る。

③ 混ぜ合わせたⒶを入れてとろみがつくまで煮る。

冷蔵 3日	14日
保存期間	冷凍可

冷蔵 **3**日 保存期間　❄ **14**日 冷凍可　お弁当に

▶ 切り干し大根入りミートソース

（大人2人＋子ども1人✕2食分）

牛豚合いびき肉（または豚ひき肉）
　… 300g
切り干し大根 … 30g
エリンギ … 100g
さやいんげん … 30g
にんにく … 1片
オリーブオイル … 大さじ1
薄力粉 … 大さじ3
Ⓐ無塩トマトジュース … 400ml
　　※トマト缶200ml＋水200ml
　　でも可
　トマトケチャップ … 大さじ5
　しょうゆ … 小さじ1
　塩 … 小さじ1/2
　こしょう … 少々
　ローリエの葉 … 1枚

作り方

❶ 切り干し大根は水洗いしてから水適量（分量外）に浸して戻し、水気を絞り、みじん切りにする。エリンギ、いんげん、にんにくもみじん切りにする。

❷ フライパンにオリーブオイルとにんにくを入れて中火で熱し、香りが立ってきたら切り干し大根、ひき肉を入れて炒める。肉の色が変わったら、エリンギ、いんげんを加えて炒める。薄力粉をふり入れ、Ⓐを加えて混ぜ、5分ほど煮る。

Point

ローリエはひき肉の臭い消しにおすすめ。一緒に煮たら、最後に取り出して。

大人Arrange

オレガノなどドライハーブで香りを加えると風味豊かな大人味になります。

part 4

冷蔵 **3**日
保存期間

❄ **14**日
冷凍可

お弁当に

冷蔵 **3**日
保存期間

❄ **14**日
冷凍可

お弁当に

▶ 豆入りキーマカレー

材料 （大人 2 人＋子ども 1 人✕ 2 食分）

牛豚合いびき肉（または豚ひき肉）… 300g
切り干し大根 … 30g
エリンギ … 100g
さやいんげん … 30g
にんにく … 1 片
オリーブオイル … 大さじ 1
ミックスビーンズの水煮（缶詰）… 100g
薄力粉 … 大さじ 3
Ⓐ無塩トマトジュース … 380ml　※トマト缶でも可
　プレーンヨーグルト … 大さじ 4
ローリエの葉 … 1 枚
Ⓑしょうゆ … 小さじ 4
　カレー粉、ターメリック（あれば）、
　　顆粒ブイヨンスープの素 … 各小さじ 1
　　※コンソメでも可
　塩 … 小さじ 1/2
　こしょう … 少々

作り方

❶ 切り干し大根は水洗いしてから水適量（分量外）に浸して
戻し、水気を絞り、みじん切りにする。エリンギ、いん
げん、にんにくもみじん切りにする。

❷ フライパンにオリーブオイルとにんにくを入れて中火で
熱し、香りが立ってきたら切り干し大根、ひき肉を入れ
て炒める。肉の色が変わったら、エリンギ、いんげん、
ミックスビーンズを加えて炒める。薄力粉をふり入れ、
Ⓐを加えて混ぜ、ローリエをのせて 5 分ほど煮る。

❸ Ⓑを入れて混ぜる。

▶ なすと高野豆腐入り 肉みそ

材料 （大人 2 人＋子ども 1 人✕ 2 食分）

鶏ひき肉（または豚ひき肉）… 300g
高野豆腐 … 1 個（17g）
なす … 200g
にんじん、ホールコーン（缶詰）… 各 50g
長ねぎ … 100g
ごま油 … 大さじ 1
だし汁 … 200ml
Ⓐみりん … 大さじ 2
　みそ … 大さじ 1
　しょうゆ、片栗粉 … 各大さじ 1
　こしょう … 少々

作り方

❶ 高野豆腐は水適量（分量外）で戻して水気を絞り、粗み
じん切りにする。なす、にんじん、長ねぎも粗みじん切
りにする。なすは水洗いしてアクを抜き水気をきる。

❷ 熱したフライパンにごま油をひき、ひき肉、❶を入れて
肉をほぐしながら中火で炒める。肉の色が変わったらだ
し汁、汁をきったホールコーンを加え、全体に火が通るま
で煮る。混ぜ合わせたⒶを加えてとろみがつくまで煮る。

Coluumn →

忙しいママ・パパの味方！

圧力鍋で時短調理

乳幼児期の子どもには、かみ切りやすいようにやわらかく調理した料理を用意してあげる必要があります。忙しいご家庭におすすめなのが、圧力鍋です。加熱時間が短くなり、ごはん作りがグッと楽になります。

こんなメリットが！

10分程度で食材にしっかり火が通ってやわらかくなるので、かむ力が弱い乳幼児期の子のごはん作りにぴったり。加熱時間が短いため、ガス代（IHの場合は電気代）の節約にもなります。

圧力鍋ってどんなもの？

圧力鍋は密閉することで、高温高圧で調理できる調理器具。一定の圧力で短時間で高温状態になるので、普通の鍋で調理するよりも食材に早く火が通ります。

▶ 鶏肉と根菜の煮物

火が通るのに時間がかかる根菜も、圧力鍋なら10分ほどでやわらかくなります。アレンジしやすいので、薄味、もしくは味をつけずに多めに作っておきましょう。

材料 （作りやすい分量）

鶏手羽元 … 500g	にんじん … 1本
れんこん … 150g	水 … 600ml
玉ねぎ … 1個	

作り方

1. れんこんはいちょう切りか半月切りに、玉ねぎはくし形に、にんじんは乱切りにする。
2. 鍋に材料をすべて入れてふたをし、強火にかける。圧力がかかったら弱火にして5分ほど加熱する。火を止めてそのままおく。圧力が完全に下がったら（弁が下がったら）ふたを開ける。しょうゆ、塩など好みで味をつけてもOK。

Arrange ①
カレー

ルウを混ぜればカレーも簡単！ルウを変えればシチューにも。

Arrange ②
洋風煮物

顆粒ブイヨンスープの素と塩で調味すればポトフ風に！

Arrange ③
ポタージュ

鶏肉を取り出し、牛乳を加えてブレンダーで撹拌し塩で調味するだけ。

[豆]

調理が難しそうな豆も、圧力鍋ならあっという間！ 豆は良質なタンパク質とビタミン、ミネラル、食物繊維をバランスよく含みます。市販の煮豆は甘さが強くてかためなので、子ども用には手作りがおすすめ。まとめてゆでて保存袋やタッパーに小分けして冷凍すると便利です。薄味にすればサラダやスープに入れるなど、アレンジもききます。

▶ 黒豆煮

材料・作り方 （作りやすい分量）

❶ 圧力鍋に水2カップ、砂糖大さじ4、しょうゆ小さじ1を入れて沸騰するまで煮る。粗熱が取れるまで冷まし、水洗いした黒豆1/2カップを入れて6時間ほど浸す。

❷ ふたをして強火にかけ、圧力がかかったら弱火にして5分ほど加熱し、火を止める。圧力が完全に下がったら（弁が下がったら）ふたを開ける。

❸ キッチンペーパーをのせて表面のアクを取る。キッチンペーパーを取り出し、煮汁ごと冷ます。好みで砂糖をさらに加えて甘煮にしても。

▶ 金時豆煮

材料・作り方 （作りやすい分量）

❶ 水洗いした金時豆1/2カップをたっぷりの水で6時間ほど浸水し、水気をきって圧力鍋に入れる。水2カップを入れてふたをし、強火にかける。

❷ 圧力がかかったら弱火にし、4分ほど加熱し、火を止める。圧力が完全に下がったら（弁が下がったら）ふたを開ける。

❸ 砂糖大さじ3、塩少々を入れ、弱〜中火でふたをせずに10分ほど煮る。煮汁ごと冷ます。

▶ 小豆煮

材料・作り方 （作りやすい分量）

❶ 圧力鍋に水洗いした小豆1/2カップと水2カップを入れてふたをし、強火にかける。圧力がかかったら弱火にし、6分ほど加熱する。

※6時間ほど浸水した場合は加熱時間は4分ほどでOK。

❷ 圧力が完全に下がったら（弁が下がったら）ふたを開ける。

❸ ざるにあげて水気を軽くきって鍋に戻し、砂糖大さじ3、塩少々を入れ、弱〜中火でゆっくり混ぜながら5〜6分煮て味をなじませる。

おやつにもおすすめ！

基本の圧力鍋の使い方

圧力鍋で調理するときの基本的な流れを紹介します。弁の状態など、鍋によって異なる場合もあるので、必ず説明書を読んでから使用しましょう。

食材を入れてふたをする
ふたは密閉になるようにしっかり閉めて。※多くの商品はきちんと閉められていればカチッと音が鳴る。

弁➡

弁が上がるのを確認
加熱してきちんと圧力がかかると弁が上がり、しばらくすると蒸気が出てくる。

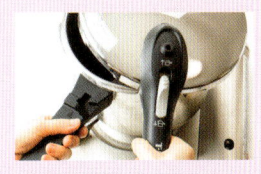

弁が下がったらふたを開ける
圧力が下がると弁が下がるので、必ず弁が下がっているのを確認してからふたを開ける。※下がりきらないうちに開けると危険なので要注意。

毎日がんばりすぎなくてOK

覚えておきたい最低限ライン

最低限おさえるべきごはん作りのポイントと、最低限ラインをクリアした楽ちんメニューを2品紹介します。いつも簡単なものしか作っていない……と、罪悪感を感じているママやパパ必見です！

栄養バランスのよい手抜きレパートリーがあると安心

子どもにはバランスのよい食事を作ってあげたいけれど、時間がないとき、作る気力が出ないときはありますよね。そういうときは、最低限盛り込みたい栄養素をおさえて、ごはん作りをしましょう。

一汁二菜が幼児食の基本ではありますが、大切なのは5大栄養素をバランスよく摂取できているかどうか。ごはん・めん・パンなどの炭水化物、肉・魚・豆類などのタンパク質、ビタミン・ミネラルを含む野菜を組み合わせていれば、品数にこだわらなくても大丈夫です。「とにかく早く用意したい」という日は、加熱しなくてよい納豆や豆腐、お湯を注ぐだけで味が決まるスープ、冷凍野菜や乾物などのストック食材を活用しましょう。必要な栄養がほぼとれて子ども向けの薄味に気をつければ手抜きごはんでも全然OK！ 左の楽ちんメニューを参考に、ご家庭の手抜きレパートリーを考えてみてはいかがでしょうか。

楽ちんメニュー1

▶ オクラとしらすのせ納豆ごはん

材料・作り方 （子ども1人分）

1. オクラ1本は輪切りにして耐熱容器に入れ、水大さじ1をふって電子レンジで1分加熱し水気をきる。
2. 茶碗にごはん適量を盛り、添付のたれ1袋（またはしょうゆ少々）を混ぜた納豆1パック、しらす干し大さじ1、①のオクラをのせ、ちぎった焼きのり適量をかける。

楽ちんメニュー2

▶ ささみとほうれん草の卵うどん

材料・作り方
（子ども1～2人分）

1. 電子レンジ可の器にうどん（ゆで）1玉、鶏ささみ水煮缶（汁ごと）1缶、水200ml、冷凍ほうれん草1/2カップを入れ、電子レンジで5分ほど加熱する。
2. 卵スープの素（フリーズドライ）1個を混ぜ、めんつゆ（またはしょうゆ）と塩で味をととのえる。

食事代わりにもなる
野菜のおやつ

朝食やおやつにおすすめのレシピを紹介。
手作りのおやつならやさしい味で、香料などの添加物も不使用。
子どもにも安心して食べさせられます。
野菜が入っているので、栄養もバッチリ！
食が細い子や野菜嫌いの子でも、おやつならパクパク食べられるかも!?

▶ かぼちゃプリン

材料

(15 × 12cm ほどの耐熱容器 1 個分)

かぼちゃ（皮つき）… 200g
Ⓐ 卵 … 2個
　牛乳 … 200ml
　砂糖 … 大さじ4
メープルシロップ … 適量
　※はちみつを少量の湯でのばし、
　　しょうゆ少々を混ぜたものでも
　　可（1歳未満の子には不可）

作り方

1. かぼちゃは 3cm 角に切り、耐熱容器に入れて水大さじ2（分量外）をかける。ラップをして電子レンジで4分ほど加熱し、皮を除く。

2. ①にⒶを加えてブレンダーでなめらかにし、ざるで裏ごしして耐熱容器(深めのグラタン皿など) に入れる。

3. フライパンに②の容器の1/3ほどの深さまで水を入れて沸かし、底に小さいタオルを敷いて容器をのせる。濡れぶきんを巻いたふたをして(ふきんの端を結ぶなどしてたるまないようにする)、弱火で30〜40分ほど蒸し焼きにする。中心に竹串を刺し、穴が残るくらい固まったら火を止める。

4. 粗熱が取れたら冷蔵庫で冷やし、メープルシロップをかける。

Point

- かぼちゃは電子レンジで加熱すると甘みが増します。

- ブレンダーにかけることで空気が入り、ふんわりした食感になります。ブレンダーがない場合は泡立て器で混ぜてもOK。裏ごしすると口当たりがよくおいしく仕上がります。

- ③の加熱はオーブンでも可。その場合はオーブン対応の耐熱容器に入れて天板にのせ、容器の半分くらいの高さまで天板に湯を注ぎ、160℃に予熱したオーブンで30分ほど焼きます。

冷蔵
2日
保存期間

冷蔵
3日
保存期間

❄
14日
冷凍可

▶ かぼちゃ白玉団子の みたらしあん

材料　(作りやすい分量)

かぼちゃ … 100g
白玉粉 … 100g
水 … 大さじ4
　※かたさを見ながら
　　調節する

Ⓐ 水 … 100ml
　しょうゆ … 小さじ2
　砂糖 … 小さじ4
　片栗粉 … 小さじ1と1/2

作り方

❶ かぼちゃは3cm角に切り、耐熱容器に入れて水大さじ2(分量外)をかける。ラップをして電子レンジで4分ほど加熱し、皮を除く。

❷ ボウルに❶、白玉粉を入れ、少しずつ水を入れて耳たぶくらいのかたさになるまでかぼちゃをつぶしながらよくこねる。2cm大ほどに丸める。

❸ 沸騰した湯に中央をくぼませた❷を入れ、浮き上がってから30秒ほどゆで、冷水に取る。

❹ 小鍋にⒶを入れて中火にかけ、混ぜながらとろみがつくまで煮る。水気をきって皿に盛った❸にかける。

Point

保存の際は団子同士がくっついてかたまらないように、平らにして。タレは別容器に。

1歳半〜2歳 Arrange

小さく切り、のどにつまらせないように注意して。

▶ かぼちゃと米粉の カップケーキ

材料　(直径3cmのカップケーキ型10個分)

Ⓐ かぼちゃ(加熱して皮を
　除いたもの)、豆乳
　… 各60g
砂糖 … 15g
サラダ油 … 20g
レモン汁 … 小さじ1/2

Ⓑ 米粉 … 60g
　※薄力粉70gでも可
　片栗粉 … 20g
　ベーキングパウダー
　… 小さじ1

作り方

❶ ポリ袋にⒶを入れ、かぼちゃをつぶしながらなめらかになるまで混ぜる。Ⓑを加えて粉っぽさがなくなるまで混ぜる。

❷ ❶のポリ袋の口を閉じて片端を2cm幅に切り、カップケーキの型に7分目まで絞り入れる。170℃に予熱したオーブンで20分ほど焼く。

Point

❷の加熱はオーブントースターでも可。その場合はオーブントースター対応のカップに入れ(紙カップはNG)、こげないように注意しながら15分ほど焼いて。

冷蔵 **3**日 保存期間

❄ **14**日 冷凍可

▶ にんじん豆腐パン

材料 （約13個分）

にんじん（薄く切ってゆでたもの）、
　木綿豆腐 … 各60g
サラダ油 … 10g
ホットケーキミックス … 100g
　※薄力粉90g、砂糖10g、
　　ベーキングパウダー小さじ1/2
　　でも可

作り方

❶ ポリ袋ににんじんを入れて指でつぶし、豆腐、サラダ油を加えてにんじんが細かくなるまでつぶしながら混ぜる。ホットケーキミックスを加え、粉っぽさがなくなるまで混ぜる。

❷ ❶のポリ袋の口を閉じて片端を2.5cm幅に切り、オーブンシートを敷いた天板に直径3cm大ほどに絞り出す。170℃に予熱したオーブンで15分ほど焼く。

Point

● ❷の加熱はオーブントースターでも可。その場合はサラダ油を塗ったアルミホイルに生地を絞り出し、オーブントースターで10分ほど焼いて。

● 冷蔵保存したら、食べる前に温めましょう。

▶ にんじんきなこクッキー

材料（約50枚分）

Ⓐ にんじん（すりおろし）
　… 大さじ2
　豆乳 … 大さじ1
　サラダ油 … 大さじ3
　砂糖 … 大さじ3
　塩 … 少々

Ⓑ 薄力粉 … 100g
　きなこ … 10g
　ベーキングパウダー
　… 小さじ1/2

作り方

❶ ポリ袋にⒶを入れて混ぜ、ふり混ぜたⒷを加えて粉っぽさがなくなるまでよく混ぜる。袋の底と側面の2辺をはさみで切って開き、その袋を使って生地をはさみ、麺棒（または手）で厚さ3mmほどにのばし、薄力粉適量（分量外）をつけた抜き型で抜く。フォークで穴をあける。

※切れ端を棒状にしたり、包丁で切ってフォークで穴をあけてもOK。

※生地の状態なら冷凍も可。

❷ オーブンシートを敷いた天板に並べ、170℃に予熱したオーブンで15分ほど焼く。

▶ にんじん五平もち

材料（8個分）

ごはん（温かいもの）
　… 米1合分（330g）
にんじん（すりおろし）
　… 大さじ2
サラダ油 … 適量

おろしにんじんみそダレ
　（P28参照）… 適量
白いりごま … 適量

作り方

❶ ボウルにごはん、にんじんを入れ、しゃもじなどで押しつけながら米粒をつぶすように混ぜる。8等分してそれぞれラップで包み、4cm大に丸く広げて平らにする。

❷ アルミホイルにサラダ油を塗って❶を並べ、おろしにんじんみそダレを塗り、ごまをふる。オーブントースター（または魚焼きグリル）で軽くこげ目がつくまで10分ほど焼く。

冷蔵 **3**日
保存期間

14日 冷凍可

▶ しらすとブロッコリー・コーンのケークサレ

材料 （作りやすい分量）

ブロッコリー（ゆでたもの）… 80g
ホールコーン（缶詰）… 50g
しらす干し … 25g
プレーンヨーグルト … 100g
サラダ油 … 20g
ホットケーキミックス … 200g

作り方

❶ ブロッコリーは穂先は1cm大に、茎はかたい部分を除き、みじん切りにする。

❷ ボウル（またはポリ袋）に**❶**のブロッコリーの茎とヨーグルト、サラダ油を入れて混ぜ、水気をきったホールコーンとしらすの半量、ホットケーキミックスを加えて粉っぽさがなくなるまで混ぜる。

❸ アルミホイルにサラダ油（分量外）を塗り、**❷**を2cm厚さの長方形に広げる。**❶**のブロッコリーの穂先、残りのホールコーン、しらすをのせ、オーブントースター（または190℃のオーブン）で15分ほど焼く。

　※こげそうになったら、上にアルミホイルをのせる。

❹ 粗熱が取れたら食べやすい大きさに切る。

朝食にも
ぴったり！

114

part 5

冷蔵 2日	14日
保存期間	冷凍可

冷蔵 3日	14日	電子レンジ
保存期間	冷凍可	電子レンジ

▶ ほうれん草 パンプディング

材料 （直径13cmのグラタン皿1皿分）

ほうれん草（ゆでたもの）
　… 40g
ウインナーソーセージ … 3本
食パン（8枚切り）… 1枚

Ⓐ 卵 … 1個
　牛乳 … 100ml
　マヨネーズ … 大さじ1
　粉チーズ … 適量

作り方

❶ ほうれん草はみじん切りにし、水気を絞る。ウインナーは5mm厚さの輪切りにする。食パンは1.5cm角に切る。

❷ ボウルにⒶを混ぜ、ウインナー以外の❶を加えて液がなじむようにやさしくまぜる。

❸ サラダ油（分量外）を塗った耐熱容器に❷を流し入れ、ウインナーをのせて粉チーズをふり、オーブントースター（または190℃のオーブン）で焼き色がつき中の卵液が固まるまで10分ほど焼く。

※ココットなどに小分けにして焼いてもOK。

おすすめ Arrange

マヨネーズを入れずに、具をレーズンやバナナ、りんごなどにかえて砂糖をかけて焼けばフルーツパンプディングに。

▶ 小松菜とチーズの レンジ蒸しパン

材料 （直径6cmのシリコンカップ約4個分）

小松菜（葉の部分・生）… 20g
　※ほうれん草（ゆでたもの）でも可
プロセスチーズ（ミニチーズ）… 1個
　※スライスチーズの場合は1枚
牛乳 … 100ml
ホットケーキミックス … 200g

作り方

❶ 小松菜はみじん切りにし、チーズは7mm角ほどに切る。

❷ ボウル（またはポリ袋）に小松菜、牛乳、ホットケーキミックスを混ぜ、カップに8分目ほど入れて❶のチーズをのせる。

❸ 深めの耐熱容器に❷を間隔をあけて並べ、ふんわりラップをかけて電子レンジで1分30秒ほど加熱する。竹串などを刺して生地がつくようであれば10秒ずつ、様子を見ながら加熱する。

Point

小松菜は生のままでOK。ほうれん草を入れる場合は、ゆでてアクを抜いてからにしましょう。

冷蔵 **3**日　保存期間　❄ **14**日　冷凍可　🍱 お弁当に

▶ さつまいもりんごきんとん

材料（作りやすい分量）

さつまいも … 1本
りんご … 1/2個
Ⓐ砂糖 … 大さじ2
　レモン汁 … 小さじ1
　塩 … 少々
水溶き片栗粉（片栗粉小さじ1＋
　水小さじ2）

作り方

❶ さつまいもはヘタを切り落とし、ピーラーで皮をまだらにむく。1cm厚さの輪切り（太いものは半月切り）にし、水にさらしてアク抜きをする（10分ほど）。りんごは皮をむきいちょう切りにする。

❷ 水気をきったさつまいもとりんご、Ⓐを鍋に入れ、材料が浸るまで水（分量外）を加え、やわらかくなるまで煮る。

❸ りんごを網などですくって取り出し、煮汁が残ったままの鍋に水溶き片栗粉を加えて混ぜ、マッシャーなどでつぶしながら煮詰める。とろみが出てきたら火を止め、りんごを戻して混ぜる。

Point

片栗粉でとろみをつけることで、少ない砂糖でもつやが出てしっとり仕上がります。レモン汁は色をきれいに仕上げ、甘みを引き立てる役目も。

part 5

冷蔵 **3日** 保存期間
❄ **14日** 冷凍可

冷蔵 **3日** 保存期間
❄ **14日** 冷凍可
お弁当に

▶ 焼きりんご

材料 （作りやすい分量）

りんご … 1個
　※皮の赤い酸味のある
　　ものがおすすめ
レーズン … 大さじ1

バター … 10g
砂糖 … 大さじ1
シナモンパウダー（好みで）
　… 少々

作り方

❶ りんごは皮をよく洗い、縦4つに割って芯を除き、横半分に切る。

❷ 耐熱容器に敷き詰め、レーズンと1cm角に切ったバターを散らし、砂糖、シナモンをふる。

❸ アルミホイルをかけ、180℃に予熱したオーブンでりんごにすっと竹串が通るまで20分焼く。

　※子どもの分は食べる際に皮を除く。

Point

●りんごは竹串がすっと入るくらいまでやわらかくして、食べやすく。焼く際に、すきまを使って焼きいもを作るのもおすすめ！ 小ぶりのさつまいも（大きいものは切る）をキッチンペーパーで包んで水で湿らせ、アルミホイルを巻いて「焼きりんご」の容器と一緒にオーブンへ。竹串が通るまで焼いて。

●刻んでヨーグルトにのせたり、ポークソテーなどのソースにしたりしても。

▶ パンプキン スイートポテト

材料 （約15個分）

さつまいも … 1本
かぼちゃ … 100g
Ⓐ バター … 10g
　牛乳 … 大さじ3
　砂糖 … 大さじ2
Ⓑ はちみつ … 小さじ2
　※はちみつは1歳以降

みりん … 小さじ1
しょうゆ … 小さじ1/2
※Ⓑの代わりに卵黄でも可

作り方

❶ さつまいもはを2〜3cm厚さに切り、水にさらしてアク抜きし、4cm大に切ったかぼちゃと一緒にやわらかくなるまで蒸す（またはゆでて水気をきる）。ともに皮を除く。

❷ ❶を熱いうちにざるで裏ごしし（またはマッシャーなどでよくつぶす）、Ⓐを加えてなめらかになるまで混ぜる。スプーンを使って食べやすい大きさの船形に成形し、サラダ油（分量外）を塗ったアルミホイルに並べる。混ぜ合わせたⒷを塗り、オーブントースター（または190℃のオーブン）で焼き色がつくまで10分ほど焼く。

▶ トマトとフルーツのりんごゼリー

材料 （カップ4個分）

トマト … 1個
パイナップル（缶詰・または
　好みのフルーツ）… 50g
りんごジュース … 150ml
粉寒天 … 小さじ1/2
砂糖 … 小さじ1
塩 … 少々

作り方

❶ 鍋に湯を沸かし、トマトを入れて10秒ほど
転がして冷水に取る。手で皮をむき、1cm
角に切る。パイナップルも1cm角に切る。

❷ 鍋にりんごジュース、粉寒天を入れ、沸騰
するまで混ぜながら煮る。火を止めて❶の
トマト、砂糖、塩を加えて混ぜる。

❸ カップに流し入れ、パイナップルをのせる。
粗熱が取れたら冷蔵庫で冷やし固める。

Point

寒天は大きな器で作ると
切り分けた後に水が出て
くるので、小分けに作る
のがおすすめです。

▶ にんじんオレンジゼリー

材 料（カップ4個分）

にんじん … 1/2本	砂糖 … 大さじ1
水 … 150ml	オレンジジュース
粉寒天 … 小さじ1/2	… 100ml

作 り 方

❶ にんじんは薄いいちょう切りにする。鍋に入れて水を加え、ふたをして強火にかける。沸騰したら弱火にし、やわらかくなるまで10分ほどゆでる（ゆで汁は75mlほどになる。たりない場合は水を加える）。

❷ 火を止めて粉寒天、砂糖を加えて混ぜ、再び火をつけて沸騰するまで混ぜながら煮溶かし、火を止めてオレンジジュースを混ぜる。ブレンダーでなめらかになるまで撹拌する（またはマッシャーなどでにんじんをよくつぶす）。

❸ カップに流し入れ、粗熱が取れたら冷蔵庫で冷やし固める。

▶ かぶのミルクゼリー

材 料（作りやすい分量）

かぶ … 2個	Ⓑ 牛乳 … 300ml
水 … 50ml	｜ 砂糖 … 30g
Ⓐ 粉ゼラチン … 10g	｜ 塩 … 少々
｜ 水 … 50ml	きなこ … 適量

作 り 方

❶ 器にⒶを入れ、20分ほどおいてふやかす。

❷ かぶは薄いいちょう切りにして耐熱容器に入れ、水をかける。ラップをして電子レンジでやわらかくなるまで4分ほど加熱し、❶を混ぜてゼラチンを溶かし、Ⓑを加え、ブレンダーでなめらかになるまで撹拌する（またはマッシャーなどでかぶをよくつぶす）。

❸ 13×10cmほどの容器に入れ、粗熱が取れたら冷蔵庫で冷やし固める。食べるときにきなこをかける。

おすすめ Arrange
好みでメープルシロップや水で溶いたジャムなどをかけてもおいしい。

幼児期に気をつけたい食品

離乳食期に比べると食べられるものが増えてきますが、まだまだかむ力や消化器官は未発達。消化器官に負担がかかるものや食べにくいもの、味の濃いものは将来の健康のためにも注意する必要があります。

どんな食品・食材に気をつけたらいい？

● 刺激が強いもの

キムチなど辛いもの、においのきついものは子どもには刺激が強すぎるので避けましょう。こしょうやカレー粉は風味づけ程度で少量使う分には問題ありません。

● 生もの

子どもは免疫力が弱く、食中毒になりやすいので生野菜や刺身などは注意が必要。特に1歳代は控え、2歳以降でも少量にしましょう。与える場合は鮮度のよいものを選び、すぐに食べるように。生卵は3歳から。

● 加工品

ウインナーやベーコンは塩分や脂肪が多いので、与えるときは控えめに。味つけにも注意が必要です。また、惣菜も食べられるものが増えてきますが、子どもに与える前に必ず大人が味をみてからあげましょう。

● 外食

レストランのメニューは味の濃いものや、から揚げなどの高カロリー食が多く、野菜不足になりがち。栄養バランスに気をつけ、メニューやお店選びをしましょう。

● 油分が多いもの

幼児期の子どもの内臓は発達途中。とりすぎると消化器官に負担がかかるうえに、肥満につながります。特にバターや生クリームなどの乳脂肪が多いものは控えめに。油はサラダ油やオリーブオイルなどの植物油と、魚に含まれる油を中心にとりましょう。

● 塩分・糖分が多いもの

塩分のとりすぎは腎臓に負担をかけ、糖分のとりすぎは虫歯や、血糖値の乱高下による低血糖症につながることも。特に甘いものは食事に影響しやすく、味覚を育てるためにも、薄味を意識して。メニューによっては大人用のおかずでも具を水洗いする、水で薄めるなどで味の調節が可能な場合も。

● 誤嚥（ごえん）の可能性があるもの

子どもは食べ物を詰まらせやすく、気管に入って肺炎を起こす恐れも。特にもちのような粘りの強いものは注意し、ミニトマトなど丸くてつるつるしたものや、のどに貼りつきやすいのりは小さく切りましょう。子どものかむ力や飲み込む様子などを観察しながら与えることが重要です。

気をつけたい食品リスト

食べられるものが増えてきますが、まだまだ注意したほうがいいものも。幼児食前期、幼児食後期にわけて紹介します。

食品	1歳半〜2歳	3歳〜5歳	詳細
エネルギー源			
玄米	△	△	消化吸収率が悪いので、水を多めに入れて、やわらかめに炊きましょう。やわらかめなら1歳からOKですが、控えめに。
赤飯・おこわ	△	○	弾力があり、かむのに力がいるので、奥歯が生えてからにしましょう。
もち	✕	○	のどに詰まらせる心配があるので、3歳頃からに。食べさせるときは小さくちぎりましょう。
ライ麦パン	△	○	食物繊維が多く消化しにくいので、控えめに。かたいので薄く切ってあげましょう。
ベーグル	△	○	もっちりとした食感でかむのに力がいるので、奥歯が生えてかみ合わせがしっかりしてからに。薄く切ってあげましょう。
そば	△	○	食物アレルギーの出る可能性があるので、様子を見ながらあげましょう。
中華麺	△	○	油分を含み、弾力もあるので、食べさせるときはやわらかめにゆでて食べやすい長さに切りましょう。
ビーフン	○	○	米粉から作られる麺なので、1歳から食べさせてよい食品。湯でやわらかく戻し、食べやすい長さに切りましょう。
春雨	○	○	つるつると丸飲みしやすいので、食べやすい長さに切りましょう。
タンパク質源			
刺身	△	○	鮮度のよい、やわらかいものなら2歳頃から食べさせてOK。
いか・たこ	△	○	かみ切りにくいので、奥歯が生えてしっかりかめるようになってからに。
たらこ・いくら	△	○	塩分が多いので、食べさせるなら少量に。
えび・かに	△	○	アレルギーに注意しましょう。かみ切りにくいので、1歳代では小さく刻んであげましょう。
あさり	△	○	かみ切りにくいので、1歳代では小さく刻んであげましょう。
ほたて	△	○	2歳までは生食は避け、しっかり加熱しましょう。
うなぎ	△	○	小骨があるので小さく刻んで。脂肪分が多く、かば焼きは味が濃いので控えめに。
かまぼこ	△	○	2歳頃から可。弾力があるので薄く切りましょう。塩分が多いので、分量に気をつけて。
干物	△	○	塩分が多いので、食べさせるなら少量に。
ちくわ	△	○	弾力があるので1歳代では小さく刻んであげましょう。
厚切り肉	△	○	かみ切りにくいので、小さく切ってあげましょう。中までしっかり火を通します。
牛タン	△	○	かみ切りにくいので2歳頃からに。小さく刻んであげましょう。
ハム・ソーセージ	△	○	塩分や脂肪分、添加物の少ないものを選びましょう。1歳代では小さく刻んであげましょう。
ランチョンミート・コンビーフ	△	△	塩分と脂肪分が多いので、食べさせるなら小さく切って少量に。

食品	1歳半〜2歳	3歳〜5歳	詳細
油揚げ	◯	◯	かみ切りにくいので1歳代は小さく刻んであげましょう。
生卵	✕	△	細菌感染の心配があるので、生で与えるのは避けたほうがよいでしょう。与えるなら3歳頃からに。
チーズ	◯	◯	塩分と脂肪分が多いので、少量にしましょう。かたまりのチーズはのどに詰まらせないように切りましょう。
ビタミン・ミネラル			
生野菜	△	◯	野菜の繊維は奥歯がないとすりつぶしにくいので、奥歯がないうちはさっとゆでるなど、食べやすいようにしてあげましょう。
きのこ類	◯	◯	繊維が多くかみ切りにくいので、細かく切ってあげましょう。
ミニトマト	◯	◯	丸飲みをしてのどに詰まらせることもあるので、小さく切ってあげましょう。皮は湯むきするとより食べやすくなります。
たけのこ	△	◯	繊維が多いので、2歳頃からに。やわらかい部位を食べやすいように刻んであげましょう。
しょうが	◯	◯	刺激が強いので少量を加熱し、風味づけ程度に使って。
にんにく	◯	◯	刺激が強いので少量を加熱し、風味づけ程度に使って。
こんにゃく・しらたき	△	◯	弾力があるのでかみ切りにくく、そのまま飲み込んでしまうことも。奥歯が生えてからにし、食べやすいように小さく切ってあげましょう。
切り干し大根	◯	◯	1歳代はやわらかく煮て、細かく切ってあげましょう。
漬物	△	△	塩分が多いので、積極的に与える必要はありません。水洗いして塩気を減らし、刻んであげましょう。
味つけのり	△	△	塩分が多いので、積極的に与える必要はありません。食べさせるときは上あごやのどにくっつかないように細かく切って。
わかめ	◯	◯	かまずに飲むと気管をふさぐ恐れがあるので、必ず小さく切りましょう。
ひじき	◯	◯	やわらかく煮て、食べやすい長さに刻んであげましょう。
キウイフルーツ	◯	◯	アレルギーに注意して。果物は糖分が多いので、あげすぎないようにしましょう。
アボカド	◯	◯	脂肪分が多いので、食べさせるなら少量に。
フルーツ（缶詰）	△	△	糖分が多いので、積極的に与える必要はありません。
ナッツ類	△	△	アレルギーに注意。かみ切りにくく、のどに詰まらせる心配もあるので、刻んだりすりつぶしたりしましょう。
調味料			
塩	◯	◯	使用するのは大丈夫ですが、塩分は控えめを意識し、薄味を心がけて。
こしょう	△	△	使用する場合は風味づけ程度に、ごく少量にしましょう。
しょうゆ	◯	◯	味が濃くならないように、少量にしましょう。
ソース	◯	◯	塩分が多く味が濃いので、使うときは少量を意識して。

食品	1歳半〜2歳	3歳〜5歳	詳細
トマトケチャップ	○	○	塩分が多く砂糖も含まれるので、使うときは少量を意識して。
マヨネーズ	○	○	原料に卵が使われているので、アレルギーに注意しましょう。塩分、油分が多めなので分量は控えめに。
ドレッシング	△	○	塩分が多く味が濃いので、使うときは少量に。添加物を含むものも多いので、手作りがおすすめ。
みそ	○	○	塩分が多いので、使うときは少量にしましょう。
みりん・酒	△	○	アルコール分が含まれているので、使う量は控えめに。必ず加熱してアルコールを飛ばしましょう。
オイスターソース	△	○	塩分が多く添加物を含むものも多く味が濃いので、使うときは少量にしましょう。
カレー粉	○	○	使用する場合は風味づけ程度に少量にしましょう。
酢	○	○	酸味が強くならないように分量は控えめに。
わさび・練りがらし	✕	✕	刺激が強いので避けましょう。
豆板醤	✕	✕	刺激が強いので避けましょう。※その他唐辛子を使用した調味料も同様。
はちみつ・黒砂糖	○	○	「乳児ボツリヌス症」の心配があるので、1歳未満はNG。1歳半以降は様子を見て使用しても大丈夫です。

飲み物

食品	1歳半〜2歳	3歳〜5歳	詳細
緑茶・ウーロン茶	△	△	カフェインを含むので、水で薄めたものを少量にしましょう。
コーヒー・紅茶	✕	△	カフェインを多く含むので、3歳以降も飲ませないほうが安心です。
コーヒー牛乳	✕	△	糖分が多く、一度飲ませるとくせになることがあるので注意して。
ココア	△	△	市販のものは糖分が多く、成分がカフェインに似たココアパウダーが含まれています。飲ませるなら3歳以降に。ビスケットなどに少量入っている程度なら1歳から与えられます。
乳酸菌飲料	✕	△	糖分、添加物が多く、濃い味がくせになり虫歯の原因にもなるため3歳から控えめに。
果物ジュース	△	△	糖分が多いので控えめに。野菜ジュースは食塩不使用のものを食事の補助的に用いる程度に。
炭酸飲料	✕	✕	糖分、カフェインなどが含まれ、刺激が強いので避けましょう。

その他加工品・嗜好品

食品	1歳半〜2歳	3歳〜5歳	詳細
菓子パン	△	△	糖分、油分が多いので、与えるときは糖分、油分が少ないものを少量に。
スナック菓子	△	△	塩分、油分が多いので、与えるときは薄味(子ども向け)のものを少量に。
チョコレート	△	△	糖分、脂肪分が多いので、できるだけ避けたほうがよいでしょう。
生クリーム	△	△	脂肪分が多く、ホイップクリームは糖分も多いため、与えるときは少量に。
グミ・キャンディ	✕	△	糖分が多く、虫歯の原因にもなるためできるだけ避けたほうがよいでしょう。与える場合はのどに詰まらせないように注意して。
アイスクリーム・シェイク	△	△	冷たいものは甘みを感じにくく、糖分のとりすぎにつながります。脂肪分も多いので与えるときは少量に。

Index. 食材別さくいん

（ 肉類 ）

PROFILE

中村美穂 （なかむら・みほ）

管理栄養士、フードコーディネーター。2児の母。保育園栄養士として乳幼児の給食作りや食育活動、食事相談などを手がけ、2009年に独立。料理教室「おいしい楽しい食時間」を主宰するほか、栄養講習会への登壇、雑誌・広告などのレシピ提供やスタイリングなど幅広く活動。著書に『発達を促す子どもごはん』(日東書院)、『3歳からのからだを作るおべんとう』(赤ちゃんとママ社)などがある。

おいしい楽しい食時間　https://www.syokujikan.com

STAFF

撮影 ／ 久保田彩子(世界文化ホールディングス)
イラスト ／ 池田蔵人
装丁・本文デザイン ／ 池田香奈子
校正 ／ 株式会社円水社
編集協力 ／ 池上裕美 (株式会社KWC)
編集 ／ 大友恵

1歳半〜5歳
子どもと食べたい作りおきおかず
はじめてママとパパでもかんたん

発行日　2018年12月20日　初版第1刷発行
　　　　2020年　8月10日　　第7刷発行

著　者　中村美穂
発行者　秋山和輝
発　行　株式会社世界文化社
　　　　〒102-8187　東京都千代田区九段北4-2-29
　　　　電話　03-3262-5118（編集部）
　　　　　　　03-3262-5115（販売部）
印刷・製本　株式会社リーブルテック